JN131799

SDGs時代の子育て・教育

幼少期からのエゴイズム克服法

成田　孝

大学教育出版

まえがき

　本書は、SDGs（Sustainable Development Goals：持続可能な開発目標）を達成するために求められる具体的な行動にはあまり触れていない。SDGsを達成するためには、17 の目標に対応した具体的な行動が欠かせない。しかし、「○○しよう」とか「○○はやめよう」などの道徳的な正論では何も解決しないことは歴史が証明している。何事も正論で簡単に解決するなら、苦労しない。なぜなら、人間には強固なエゴイズムがあるからである。

　エゴイズムは、何よりも生を脅かす。本書は 17 の SDGs を掲げなければならなかった根本的な原因を、人間のエゴイズムにあるとした。そして、エゴイズムの正体を明らかにするとともに、エゴイズムを克服する具体的な方法を提示した。

　人間・社会・文明や地球環境が置かれている現状を考えると、17 の SDGs を達成するための具体的な行動は積極的に行わなければならない。行動することによって、SDGs の達成に多少は近づくことができるであろう。しかし、エゴイズムを克服するという本質的な問題が解決されなければ、問題の根本的な解決にはならない。

　そこで、幼少期から、本書が提示したエゴイズム克服法を家庭、保育園・幼稚園、学校などにおいて確実に積み上げていかなければならない。そして、エゴイズムに基づく行動を誰もが克服できてこそ、SDGs も達成され、目標そのものが不要となるであろう。

　本書の核をなす、「エゴイズムの正体（第 2 章、19-45 頁）」及び「エゴイズム克服（第 3 章、46-95 頁）」に関わる基本的な考え方は、ドイツの生命哲学者ルートヴィッヒ・クラーゲス（1872-1956）に依拠している。現代は人間を「からだ（肉体・身体）・こころ（心情）」とする考え方が支配的なので、クラーゲスの「からだ（肉体・身体）・こころ（心情）・精神」とする考

え方は理解しづらいかもしれないが、クラーゲス思想にこそエゴイズムを克服する鍵があると確信している。

　なお、筆者はクラーゲス人間学をろくに勉強していないので、誤謬（ごびゅう）も多いと思われる。浅学菲才（ひさい）の誹（そし）りは甘んじて受けたい。鋭いご指摘を期待したい。

　第4章（96-147頁）は法令などを基に、人間の生存に直結する空気・水・食物などとの関わり方について、ごく一般的なことを書いたにすぎない。人間が生存するための基本なので、安全や環境への優しさなどを再確認する意味で書かせていただいた。SDGsとも密接に関連している。

　エゴイズムの克服は、理想論と一蹴されるかもしれない。しかし、人類の歴史をみると、精神が生命に従属し、エゴイズムが生を支配しない豊かな文化が生まれた先史時代もあれば、現代でも自然と共存している人間・民族などもいる。エゴイズムに支配された人間・社会・文明は圧倒的に多いが、エゴイズムを克服した人間・社会・文明があるのも事実である。

　エゴイズムを克服した人間・社会・文明があるという事実に照らせば、強固なエゴイズムを克服することは不可能ではない。現代の家庭・保育・教育・社会では、エゴイズムが宿る精神の肥大に拍車がかかっている感がある。肥大した精神は生命を支配し、脅かしている。

　エゴイズムを克服するためには、精神が生命に従属するようにしなければならない。精神が生命に従属するようにするためには、心情の育成が極めて重要である。心情を育成して、エゴイズムを克服できる人間に育むためには、子どもに関わる家庭、保育園・幼稚園、学校などの関係者が「エゴイズムの正体」および「エゴイズム克服法」をどれだけ理解できるかにかかっている。本書がその一助になれば幸いである。

　なお、本書はクラーゲス思想に関わる記述など、理解の難しいとことが少なからずあると思われるので、関心の持てそうな箇所だけでもお読みいただければありがたい。

（本書の用語について）

形成：心情が指し示すままに観得（本文 25-27、54-59 頁参照）したものを、認識
　　　できる形あるものに表出すること、形に成すことである。形成の分野・方法
　　　は、具体的な形になって認識できる身体（舞踊など）・文字（文学など）・
　　　音（言葉・音楽など）・色や形（美術など）・総合（演劇・オペラ・建築）な
　　　どさまざまある。なお、「形成」を「造形」または「造形性能」という場合
　　　もある。「形成」と「造形」は同義である。「造形活動」「造形作品」の「造形」
　　　を美術と関連づけることが多いが、造形は具体的な認識できる形にすること
　　　なので、美術に限定されない。

知識：「知識」は、「知」と「識」から成る。「知」の意味は「本質を見通す」、「識」
　　　の意味は「意識されたもの・概念的に知っている」こととされる。しかし、
　　　現状では「知識」が「知」と「識」の二つの意味ではなく、「識」の意味で
　　　使われることが多い。入学試験も、「識」を問う問題がほとんどである。本
　　　来の学びは「知」を重視すべきなのに、現状は「識」に占拠されている。本
　　　書では「知識」を一般的な使い方に合わせて、「識」の意味で用いている。
　　　なお、「知」は心情に通じ、「識」は精神に通じる。

表出：一般的には「表現」が使われるが、本書では「表出」とした。「表出」の「出」
　　　には「出る」意味、表現の「現」には「あらわれる・みえる」意味がある。
　　　「出る」は主体的・個性的だが、「あらわれる・みえる」は受動的である。例
　　　えば、美術作品は他人からすると色や形が表に現れているものなので「表現」
　　　でよいが、作者本人からすると主体的に描いたものなので「表出」でなけれ
　　　ばならない。表出されたものは、形成もしくは造形とされる。本人以外なら
　　　「表現」でかまわないが、本人の立場からすると「表出」でなければならな
　　　いのに、両方含めて「表現」としている現状は改めなければならないと思っ
　　　ている。本書では、本人の立場から「表出」とした。ただし、表現を用いた
　　　箇所も一部ある。

SDGs 時代の子育て・教育
― 幼少期からのエゴイズム克服法 ―

目　次

SDGs 時代の子育て・教育

― 幼少期からのエゴイズム克服法 ―

第1章
SDGs とは

1 SDGs の名称

　SDGs は 2001 年に策定されたミレニアム開発目標（MDGs）の後継として、2015 年 9 月の国連サミットで採択された「持続可能な開発のための2030 アジェンダ」に記載されている国際社会共通の「持続可能な開発目標（Sustainable Development Goals）」である。

　これらのゴールは、2030 年までの 15 年間で達成すべきものとしている。SDGs は、エス・ディー・ジーズと読む。S は Sustainable（持続できる）、D は Development（開発）、Gs は Goals（目標）の略である。Gs（Goals）になっているのは、目標が 1 つではなく複数（17）あるからである。SDGsは 17 の目標、169 のターゲット、232 の指標という 3 層構造になっている。

　SDGs の 17 の目標は温暖化防止が叫ばれている現代はもちろんだが、時代に関係なく重要なことである。なお、「多様性の尊重」は SDGs の 17 の目標に関連するが、単独で設けてもよいのではないだろうか。なぜなら、国籍・人種・性別・年齢・職業・思想信条・能力などの多様性を、全ての人間が尊重する社会でなければならないからである。動物や植物や自然も、その多様性を認めて尊重しなければ共存できない。

　また、人間にとって重要な「芸術・文化」に関わる目標なども欠落しているので、目標全体の見直しが必要である。

2 SDGs の 17 の目標

① 貧困をなくそう（貧困撲滅）

② 飢餓をゼロに（食料確保）

③ すべての人に健康と福祉を（健康・福祉）

④ 質の高い教育をみんなに（教育・生涯学習）

⑤ ジェンダー平等を実現しよう（ジェンダー平等）

⑥ 安全な水とトイレを世界中に（衛生）

⑦ エネルギーをみんなに、そしてクリーンに（クリーンエネルギー）

⑧ 働きがいも、経済成長も（雇用・経済成長）

⑨ 産業と技術革新の基盤をつくろう（技術革新）

⑩ 人や国の不平等をなくそう（国内・国家間の格差是正）

⑪ 住み続けられるまちづくりを（まちづくり）

⑫ つくる責任、つかう責任（持続可能な生産・消費）

⑬ 気候変動に具体的な対策を（気候変動）

⑭ 海の豊かさを守ろう（海洋資源）

⑮ 陸の豊かさも守ろう（生物多様性）

⑯ 平和と公正をすべての人に（平和・公正）

⑰ パートナーシップで目標を達成しよう（共同・協力・連携）

　SDGs が「持続可能な開発目標」と訳されているので、どうしても「開発」から「経済開発」のイメージを持ちやすい。しかし、17 の目標は全ての人が永続的に平和と豊かさを享受できるようにするために、経済・環境・社会などの多岐にわたっている。誰一人取り残さず、この地球で豊かに生きるための目標になっている。

　そこで、SDGs は「地球上の全人類が永続的に豊かに生きるための開発を

どのようにするか」よりも、「地球上の全人類が永続的に豊かに生きるためにどのようにしていくか」と解釈すべきある。よって、「Development（開発）」がふさわしいとは思わない。

3　SDGs が生まれた背景

　まず、温暖化による海面上昇や異常気象及び大規模森林火災、マイクロプラスチックによる海水汚染、生物種の減少などの急激な地球環境の悪化が挙げられる。マイクロプラスチックが海水に溶け込むと、その海に生きる魚介類はマイクロプラスチックを体内に取り込んでしまう。マイクロプラスチックを取り込んだ魚介類を食べる他の魚介類や、その魚介類を食べる人間の体内にも食物連鎖として取り込まれてしまう。この負の連鎖は、生態系を破壊する。

　人間は、昔も狩猟や農耕をしていたし、埋め立てをしたり、擁壁などの人工物を造っていた。しかし、蒸気機関、ガソリンエンジン、ディーゼルエンジン、ジェットエンジン、電気によるモーターなどの動力を得てからはその比ではない。火力発電所・工場・乗り物は、二酸化炭素を大量に排出している。大規模化している畜産も、窒素やリンを大量に排出している。

　エンジンは、大規模な造成や埋立、森林伐採、巨大構造物を可能にした。冷凍技術は食物の大量保存を可能にし、巨大船やトラックは大量の物資の移動を可能にした。現代の人間はエネルギーを大量に使って、利益を追求するために大量に生産している。必要以上の生産による営利欲のために、大量破棄も平気で続けている。また、大量殺戮（さつりく）武器は、殺人や難民をもたらしている。先進国でも、貧富の拡大、男女の不平等などがある。人間は地球と共存しなければならないのに、人間が地球を支配し、人間の生存環境である地球を自ら破壊し続けている。それが人間および社会に及んでいることはいうまでもない。

　AI（人口知能）は人間が地球と共存するために大いに期待できる反面、

地球の破壊を劇的に進めるリスクがある。なぜなら、ロボット兵士の研究が進んでいるし、AIが組み込まれた大型機械・設備によって、埋立・伐採・栽培・養殖・漁獲などが爆発的に増加しかねないからである。

　現代は地質学的には新世代の第4紀の完新世（最終氷河の後の1万1,700年前から）とされるが、現代の人間の行為は地層にすら影響を与えているとの考えから、人間が地球を支配する近年を地質学的に「人新世」と呼ぶ人もいる。「人新世」は、地球環境への影響が増大した70年くらい前からとしている。ガソリンエンジンの発明が160年くらい前、電気の普及が70年くらい前である。海洋汚染で問題になっているプラスチックの大量生産は、65年くらい前である。

　「人新世」と呼ぶか否かはともかく、近年になってから人間が地球環境を大きく変えてきているのは事実である。特に、この約70年間に著しいのは否定でできない。

　温暖化の主たる原因は、火力発電所・工場・乗り物などで使われる化石燃料の排気ガスである。日本の二酸化炭素の排出は、石炭火力発電所などのエネルギー転換部門が最も多い（42％）。次に多いのが産業部門（25％）。産業部門で多いのが、鉄鋼業の14％である。その次が運輸部門（17％）。家庭は5％と少ない。

　自動車は、2019年には約9千万台も生産されている。電気自動車などのクリーン動力もあるが、圧倒的多数はエンジン（化石燃料による内燃機関）である。ただ、電気自動車はクリーンなイメージを持つが、バッテリーを製造する過程で大量の二酸化炭素を排出し、水を浪費して廃液を出し、過酷な労働に支えられていることは見逃せない。

　地球温暖化（人為的気候変動）に対する危惧は、1970年代から元アメリカ副大統領でノーベル平和賞を受賞したアル・ゴアによって指摘されている。そして、1992年地球サミットの国連気候変動枠組条約、1997年COP3の京都議定書（先進国に対する温室効果ガスの排出削減義務化）、2015年COP21パリ協定（全ての国に対する温室効果ガスの排出削減義務化）など、

世界規模で議論されるようになってきている。

　パリ協定は、気温の上昇を産業革命前（1880 年）に比べて 2 度未満に抑えるために、温暖化の元である二酸化炭素・メタン・一酸化窒素・フロンガスの排出量を 21 世紀後半までにゼロにしようとするものである。パリ協定は約200 の国や地域が合意し、全ての国が 5 年ごとに削減目標を更新・提出しなければならない。約 200 の国や地域が合意したなら、もう 5 年も経過しているので具体的な効果が出てきてもよさそうである。しかし、自国の経済活動を優先したい思惑のために、批准しない国もあれば、日本のように批准しても石炭火力発電所の建設・輸出をして国際社会から批判されている国もある。

　SDGs では気温上昇の目標を 2 度以下、1.5 度以下を努力目標としている。しかし、数値目標も緩いうえに、1.5 度以内に抑えるための解決策や具体的な計画がないことが問題視されている。2019 年 9 月 23 日の国連気候アクション・サミットで、スウェーデンの 16 歳少女グレタ・トゥーンベリが地球温暖化に真剣に取り組まない政治家・行政を痛烈に批判したことは記憶に新しい。

　日本も、「持続可能な開発目標（SDGs）推進本部」を 2016 年に設置している。しかし、17 の目標と、それぞれの目標を掲げざるを得なかった根拠を考えると、待ったなしの状況である。それなのに、政府の具体的な行動は「国際保健」「難民問題」「女性の輝く社会」などに 4 千億円を投資することになっているが、大量消費・大量廃棄、化石燃料（火力発電）などから早急に決別するための具体的な政策は出ていない。

　政府は 2050 年に温室効果ガスの排出を実質ゼロにすると発表しているが、石炭火力発電所の建設・輸出の方針を転換していないし、鉄鋼業の主要会社の社長はコークスから水素に転換する技術のメドは立っていないと公言している。なぜ 2030 年ではなく、2050 年なのかも分からない。1 日も早く二酸化炭素の温室効果ガスを削減するための実効ある具体的な政策が不明である。政府が、温室効果ガス排出に対する危機感を持っていないのである。二酸化炭素を排出しない水素やアンモニアを燃料として使えるための技術革新

を、なぜ急がないのだろうか。原子力や石炭から脱却できないのは、きっと
何かの理由があるのだろう。温暖化対策一つとっても、全ての国が実効ある
政策を確実かつ速やかに推進しないとかけ声に終わるのは目に見えている。

　人類・生物・地球環境などに壊滅的な被害をもたらす核兵器の根絶も、困
難な現状である。核兵器禁止条約は 122 の国・地域の賛成で採択されている
が、批准は 51 の国・地域にとどまっている。核兵器禁止条約は批准した国・
地域が 50 に達したので、2021 年 1 月 22 日に発効している。

　しかし、アメリカ・ロシア・イギリス・フランス・中国の核保有国は条約
そのものに否定的なので批准していない。日本・ドイツ・スペイン・イタリ
ア・カナダ・スウェーデン・スイス・デンマーク・ノルウェー・オランダ・
ベルギー・ギリシャなども批准していない。122 の国・地域の賛成で採択さ
れたのに、批准が 51 の国・地域にとどまっているのが世界の現状である。
悲しいかな、大国のエゴイズムが世界を支配している。

　性差別をなくするためのジェンダー・フリーがあるが、どの国も全ての人
間を性別に関係なく平等・対等に扱われなければならない。

　核兵器禁止はもちろん、SDGs の達成にとっても、大国のエゴイズムが世
界を支配することこそ克服しなければならない。国の面積・人口・GNP（国
民総生産）・歴史などに関係なく、全ての国が平等でなければならない。地
球の環境を破壊してきた大国（この言葉は好きではないが）こそ、地球上の
課題克服のために先導的な役割を果たさなければならない。SDGs が突きつ
けているのは、大国のエゴイズムでもある。

　光明があるとすれば、2006 年に国連が提唱している ESG 投資の推進で
ある。ESG の E は環境（Enviroment）、S は社会（Social）、G は企業統治
（Governance）である。持続可能な社会となるために、気候変動・廃棄物・
人権・非人道兵器・コンプライアンス・リスクマネジメントなどに配慮した
企業に対する投資である。ESG 投資が広がってきているのは大変好ましい
ことである。ESG に消極的な企業は資金を引き揚げられる「投資撤退：ダ
イベストメント」があるので、ESG を推進する企業には投資が集まり、消

極的な企業は資金を引き揚げられることになる。ESG を推進する企業が生き残って栄え、消極的な企業が淘汰されるのは歓迎すべきことである。

4　SDGs と ESD

　SDGs は「全人類に平和と豊かさを」を目的として、2015 年に国連で採択されている。ESD は「持続可能な社会の担い手を育てる」を目的として、SDGs に先行する 2005 年に国連の内部機関であるユネスコで採択されている。その後、国連 ESD の 10 年（2005 ～ 2014 年）の後継プログラムとして、2013 年 11 月の第 37 回ユネスコ総会で「ESD に関するグローバル・アクション・プログラム」が採択され、2014 年の第 69 回国連総会で承認されている。

　ESD は、「持続可能な開発のための教育・（Education for Sustainable Development）」である。SDGs の達成は政府や企業の取り組みに左右されるが、達成するためには担い手の育成が不可欠であるのはいうまでもない。ESD は環境、国際理解、世界遺産・文化財、気候変動、生物多様性、防災、エネルギー、その他の 8 分野で、SDGs の分野をカバーしている。

　文部科学省は ESD を「持続可能な社会づくりの担い手を育む教育」とし、具体的には「現代社会が抱える環境・貧困・人権・平和・開発などの課題を自分の問題と捉え、身近なところから取り組むことによって、これらの課題の解決につながる新たな価値観や行動を生み出し、それによって持続可能な社会を創造していくことを目指す学習や活動。」としている。

　そして、環境・平和・人権等の ESD の対象となるさまざまな課題への取り組みをベースにして、環境・経済・社会・文化の各側面から学際的・総合的に取り組むことを重要とし、「ESD の実施に際しては人格の発達や自律心・判断力・責任感などの人間性を育むこと」「他人・社会・自然環境との関係性を認識して、関わり・つながりを尊重できる個人を育む。」の二つの観点が必要としている。

　SDGs にとって ESD が重要であることは自明だが、SDGs と同様に、

ESD も具体的な取り組みの内容に大きく左右される。でなければ、単なるかけ声に終わり、真の担い手が育たない可能性がある。

5　SDGs とエゴイズム

　持続可能な社会を実現するためには、環境・多様性・相手を尊重するのは当然である。大量生産・大量消費からの決別も必須である。例えば、マイクロプラスチック汚染から海を守るために、プラスチックを捨てない、プラスチックの代替を考える、リサイクルする、リユースするなどの具体的な行動は必要である。しかし、プラスチックを捨てないとか、代替を考えたりなどをするだけでは本質的な解決にはならない。汚染した人間の本質を直視し、本質の特質を理解しながら、抜本的に解決しなければならない。

　また、利益を追求する「大量生産・大量消費」の原因を資本主義そのものに求める人もいる。しかし、資本主義そのものに本質的な原因があるとは思わない。

　食料・土地・資源・権力などの奪い合いは、地球環境を悪化させるだけでは済まない。地球環境の悪化は困るが、奪い合いの過程で地域の平和を奪い、貧富の差を拡大させ、人間の権利を侵害する。地球環境を悪化を考えてみても、連鎖しているのを見逃してはならない。

　山積する課題の本質は、人間中心主義である。一言でいえば、「我欲（エゴイズム）」である。国家のエゴイズム、企業のエゴイズム、個人のエゴイズムの克服なくして、SDGs の達成は困難であり、地球に未来はない。

　エゴイズムの正体を第2章（19-45頁）、エゴイズムの克服法を第3章（46-95頁）で述べる。

第**2**章
エゴイズムの正体を知ろう

エゴイズムがよくないことは、誰もが認める。しかし、エゴイズムは強固なので、よくないと思うだけでは克服できない。そこで、エゴイズムの正体を知る必要がある。エゴイズムの正体を知ることは、人間の本質を知ることである。人間の本質を理解することなくしてエゴイズムは理解できないし、エゴイズムの理解なくしてエゴイズムを克服できない。SDGs の達成も困難である。

人間が「こころ（心情）」と「からだ（肉体・身体）」から成るとする一般的な考え方では、エゴイズムが説明できない。そこで、人間を「こころ（心情）」と「からだ（肉体・身体）」と「精神」から成るとする考え方に着目し、エゴイズムの正体に迫りたい。

1　人間を「こころ」と「からだ」では捉えられない

人間は、「こころ（心情）」と「からだ（肉体・身体）」なら成るという考え方が一般的である。また、動物には「こころ」がないとする考え方がある。しかし、犬は家族を見つけるとしっぽを振って喜びを表現するし、怖いと感じると吠える。犬にも感情があって感情を表現する。これは、「こころ」以外の何ものでもない。このように、動物にも「こころ」はある。ただし、クラーゲスによると動物は「こころ」が目覚めていないとされる。

　植物は「肉体」、動物は「心情」も眠っていて、人間だけが「精神」によって「肉体」も「心情」も目覚めたとされる。人間の特徴を「精神・自我・理性」としがちだが、「精神」によって「肉体」も「心情」も目覚めたことではないだろうか。

　千谷七郎はその主著名『心の抗争者としての精神』から、クラーゲスが精神を心の抗争者以外の何ものでないとか、救いがたい精神の敵であるかのような誤解を与えたとしている[1]。そして、クラーゲスは生過程と精神の結合、精神と心情の融合の探究から、これまでの「精神」と「心情」の混同を明らかにしたとしている。

　人間を「こころ」と「からだ」で捉える考え方は「心（心情）」と「精神」を一緒くたにし、かつ混同している。クラーゲスは、生命的な「心情」と非生命的な「精神」の違いを徹底的に究明している。そして、「精神と生命」「精神と心情」「精神と肉体」「心情と肉体」の関係を明らかにしている。

　また、原書で「als（としての）」を用いているのは、精神を全否定しているのではないとしている。断定するなら、原書及び翻訳を『心の抗争者である精神』『心情の敵対者である精神』などにすればよいと思われる。それを断定せずに「として」にしているのは、精神には心情の抗争者・敵対者としての一面もあるということである。思考には精神が必要だし、心情・肉体が目覚めるためは精神が必要としている。

　精神には捨我として生命に従属する精神と、執我として生命を支配する精神があるとともに双極性があるとしている。人間が自然と共存しながら豊かに生きるためには、心情を育むとともに、精神が捨我として生命に従属しなければならないのはいうまでもない。

　人間も「こころ」と「からだ」から成るとすると、人間と動物の違いがなくなってしまうので、人間も動物も「こころ」と「からだ」から成るとする考え方には無理がある。人間と動物の「こころ」は違うとの反論があるかもしれない。確かに、人間の「こころ」と動物の「こころ」は同じではない。

　クラーゲスは、人間と動物の「こころ」の差を生んでいるのは、人間には

動物にはない「精神」が後から闖入して備わったからだとしている。「こころ（心情）」と「精神」の違いが分からなければ、人間が「心情と肉体と精神」から成るとする考え方と、人間が「心情（こころ）と肉体（からだ）」から成るとする考え方の違いを理解することは難しい。

2　人間には動物にはない「精神」がある

　古代ギリシャの哲学者アリストテレスは、人間にも動物にも「こころ」と「からだ」があり、さらに人間にだけに精神（理性・自我・意志）があるとしていた。ドイツの哲学者ルートヴィッヒ・クラーゲス（1872-1956年）も、人間の生命は「こころ（心情）」と「からだ（肉体）」から成り、後から「精神」が闖入したとしている（図1）。

　図の「ICH」は「自我」を表す。自我は精神（Geist）に宿り、精神の担い手とされる。自我は何がどう変わろうと不変・同一で、私は私（個人者）であるとされる。年齢・考え方・生活環境・地位・経済状況・職業などに関係なく、私であることは生涯不変である。それが自我である。自我は常に不変・同一であろうとするので、自分の考え方や価値観などを変えることは容易でない。現実の世界は変わり続けるので、不変・同一の自我は現実の世界と対立することになる。自我は意志を働かせて、変化し続ける現実を自分の

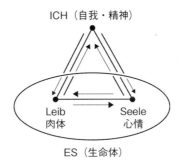

図1　クラーゲスにおける人間の図式[2]

思いどおりにしようとするとされる。

　生命は「肉体」と「心情」から成るので、図1の「（生命性）」は生命・生命性を意味する Leben でよいと思われるが、三人称の人称代名詞 ES を用いているのは生命が自我の意のままにならない無意識で他者的性格の超人間的な力を有するからとされる。「自我・精神」に対して「生命」は一体な当事者ではなく、不可分な他者的な関係になる。「自我・精神」が「生命」と従属・融合する関係にもなれば、「自我・精神」が「生命」と支配して抗争・敵対する関係にもなるということである。

　生命は「肉体」と「心情」から成るので、生命に後から闖入した「精神」そのものに生命はないことになる。精神の表れである概念が生命的でないことは自明のことである。生命は、自然と共存しなければ生きることができない。図1は肉体と心情から成る生命層と精神層の二階建てになっているので、自我・精神が人間の中心に座るとともに生命が自我・精神にコントロールされることを表している。

　クラーゲスは、「精神」は「生命」と融合する場合もあるが、「生命」と抗争・敵対の関係にあることを鋭く追求している。「精神」が「生命」と抗争・敵対するということは、「精神」が「生命」のよりどころである「自然」と「生命」を分断することを意味する。自然支配・自然征服の病根が、人間の自我・精神に求められる。

　図1の矢印は肉体・心情・精神は単独で存在することができないので、「肉体」「心情」「精神」および「生命（心情と肉体）」「精神」は連関し、相互に影響を受けることを表している。

　「肉体」が疲労困憊だと、「心情」も元気がなくなる。「心情」がときめくと、「肉体」も興奮する。このように、「肉体」は「心情」を現象し、「心情」は「肉体」現象の意とされる。そして、「肉体」と「心情」は不可分かつ双極の関係とされる。また、精神の自我が執我として無理なことを強行すると、生命は萎縮する。生命が躍動すると精神は捨我として生命に傾聴する。

　人間は「こころ」と「からだ」から成るとの考え方に慣れ親しむと、「こ

ころ（心情）」と「精神」の違いが理解しづらい。

　そこで、「表1　精神・心情・肉体の働き」を基に、人間の「精神」「心情」「肉体」の働きや、「心情」と「精神」の違いに触れたい。なお、表1はクラーゲスの考え方を平易な言葉で表したものである。「精神・心情・肉体」には、「受容面」と「実施面」の2つの側面があるとしている。「受容」は「受け入れる知覚」、「実施」は「受容」に基づく「行為・行動・発動」である。知覚があって、行動する。

表1　精神・心情・肉体の働き[3]

	受　容　面	実　施　面
精　神	理解・判断	意志・意欲
心　情	観　　得	形　　成
肉　体	感　　覚	運　　動

　まず、「肉体」を考えてみたい。人間も動物も、のどが乾くと、水を探して行動（運動）する。人間の場合は「のどが乾いたことを知覚」し、精神の働きである意志によって水道の水を飲んだり、冷蔵庫のペットボトルの水を飲むなど行動（運動）をとる。がまんすることもある。動物の場合は肉体の欲動に従い、水を求めて水場（川や沼など）に移動する。つまり、のどが乾いたという肉体の「感覚」が水を飲みたいという欲動（行動・運動）を推進する。

　人間には「精神」があるので意志によって水を飲んだりがまんしたりするが、動物は肉体の欲動に従って水を飲む。水を飲むために肉体を動かす（運動する）ことは、人間も動物も共通である。このように、感覚は肉体に生じ、肉体の「感覚」と「運動」は双極で一体となる。

　次に、「心情」を考えてみたい。動物は危機が迫ると声を上げて仲間に知らせたり、仲間が来ると笑顔で迎えたりする。人間にも動物にも「心情」はあるが、同一ではない。動物には「精神」がないから「心情」を自覚できな

いが、人間には「精神」が宿るから「心情」を自覚できるとされる。

　人間は「精神」が宿ることによって、「心情」で「観得」でき、心情が「観得」したものを言葉・音楽・身体・美術などで「表出」できる。「形成」である。「形成」とは、形を造りあげる働きである。形成は、芸術・文化となる。「形成」を「造形」又は「造形性能」という場合もある。「形成」と「造形」は同義である。

　なお、植物は宇宙と呼応しながら生きている。植物の呼応は「観得（25-27頁参照）」そのものであるが、人間のように目覚めていないとされる。動物にも「観得」性能はあるが、人間のように覚醒していないとされる。

　また、一般的には「表出」でなく「表現」が使われる。「表現」だと「表に表れる」という現象にすぎないが、「出る」には「主体的に出る・出す」意味がある。よって、「表」と「出」から成る「表出」は「主体的に表に出す」意味となる。私たちは「表現」という用語を日常的に使っているが、本来は「主体的に表に出す」意味の「表出」が望ましい。「形成」も、主体的に行われるべきものであることはいうまでもない。

3　人間と動物の「こころ（心情）」「からだ（肉体・身体）」の違い

　人間にも動物にも「こころ」「からだ」はあるが、人間と動物の「こころ」「からだ」は同じではない。人間と動物の「こころ（心情）」、人間と動物の「からだ（肉体・身体）」には大きな違いがある。それは、人間には「精神」があるが、動物には「精神」がないからである。

　人間の「こころ」と「からだ」は「精神」が関わって目覚めるが、動物の「こころ」と「からだ」は「精神」が関わらないので目覚めないとされる。

　人間も動物も、「からだ」が感覚器官を通して感覚することは同じである。しかし、人間は「精神」の働きによって、「こころ」や「からだ」を認識することが可能である。

一方、動物には「精神」がないので、「こころ」や「からだ」を認識することはできない。動物には「精神」がないので、人間のように意識したり、省察したりすることができない。動物の「こころ」は「からだ」の欲動に従属し、これに動かされているとされる。

人間の「こころ（心情）」の特質は、「精神」の働きによって「からだ」の欲動から離れて、「こころ（心情）」の観得力と形成力を得たこととされる。

また、動物には地球環境を悪化させる人間のような「精神」の働きである意志に基づく執我・我欲（エゴイズム）がないので、人間と動物を同一視することには無理がある。

人間には、所有欲、営利欲、名声欲、権勢欲などのさまざまなエゴイズムがある。我欲を満たすために、猜疑心を持ったり、冷酷になったり、無責任になったり、独善的になったり、片意地を張ったり、憎悪を抱いたり、惨忍になったりする。これがエゴイズムである。

4 「観得」と「形成」

「感覚」は、肉体に備わっている感覚器官（五感や体性感覚など）が感じる知覚である。では、「観得」とは何だろうか[4]。「観得」はあまり使われない言葉なので、どのような意味かは理解しづらいと思われる。

「観得」は、形象と融合・連関・同化して生命的に感応し、その感応を感知化・他者化する過程とされる。分かりやすくいえば、頭で考えることではなく体・心で感ずることであり、動物性器官である体壁系でなく植物系器官である内臓系で地球・宇宙の森羅万象のリズム、内臓波動を感知することといえよう。内臓系が感知するということは、植物性器官である内臓系に宇宙のリズム、森羅万象の 意 が生命記憶として太古から脈々と引き継がれ、刻み込まれてきたからであろう。

人間はまっさらな状態で生まれるのでもなく、生まれてゼロからスタートするのでもない。DNAに代表される遺伝もあれば、生後獲得していくもの

も多い。まっさらな状態で生まれたとするなら、目の前の花や樹木などの植物、動物・山・川などを見ても、物としてしか認識できないのではないだろうか。人間がこれらを見て畏敬や美などを観得するのは、そのベースに太古から脈々と引き継がれてきた生命記憶が刻み込まれているとしか思えない。

　形象（Bild）は視覚的な色や形でもなく、意識可能なものでもなく、そこに存在する物でもない。形象は、森羅万象を全ての感覚によって時空的に体験される生命的な現象能力を意味している。形象は生命的な現象を形作るものとされ、意識することはできない。形象は目に見える形や色などの物理的な特性ではなく、森羅万象の生命性・魂・霊性・神秘・質・意味・おもかげ・象徴・心・遠感覚・めざめ・感動・共感・生命記憶・モノダネ・感慨・道（老子）などのようなものといったほうが分かりやすいかもしれない。体験は無意識に行われる生過程だが、意識は体験内容の一部にすぎないとされる。

　また、千谷によると、「経験は、理知の経験、即ち体験内容の理知的加工である」[5] としている。経験は体験そのものではなく、体験したあとに体験の一部が概念化・対象化されたものといえる。体験が無意識に行われるのに対して、経験は意識することが可能である。体験は現実の生過程であるのに対して、経験は現実から分離されるので生命性がなくなるとされる。

　「観得」は国語辞典や漢和辞典にも載っていないので、載っている「感得」でもよさそうである。「感得」は「感じて会得したり、感じて悟る。」こととされる。

　「感」には「ショックによって心を動かす」「ショックが心にこたえる」意味がある。よって「感得」は「外部からの強い刺激（ショック）によって感じて会得したり、悟る」意味となろう。そのため、意識することができない「形象と融合・連関・同化して生命的に感応し、その感応を感知化・他者化する過程」である「Shauen、Shauung」を「感得」と訳すことができなかったと思われる。「外からの強い刺激」が前提になっている「感得」は、生命的で無意識に感応して感知化・他者化することを旨とする「Shauen、Shauung」の意味にはほど遠い。

　一方、「観」には「そろえて見渡す」意味がある。つまり、「部分的に一面を見るのではなく、全体的にみる。」意味となろう。「観得」は先入観や特定の考え方で意識的に切り取るのではなく、目の前で繰り広げられることに対してありのまま共感的に感応し、感知化・他者化することである。

　よって、「観得」は「感覚」や「意識」ではなく、主観的にみたり、概念的にみたり、科学的にみたりすることでもない。少し難しい言い方になるかもしれないが、「諸形象にこころを開いて、諸形象の 意 をありのままに感応・感知すること。」「時間的にも空間的にも連続して変化し続ける形象に自分の生命・心情が融合・連関・同化する感応体験を感知化・他者化する過程」が「観得」とされる。なお、クラーゲスのほかの訳語では「感知・感知化」が近いと思われる。

　心情は「精神」と 関わることによって、「観得」と「形成」をもたらす。例えば、石の塊に仏の姿を見出し、石を削って仏像を彫りだしたとする。仏の姿を見出したのが「観得」で、仏像を彫りだしたのが「形成」である。この「観得」と「形成」が、人間の「心情」の働きである。

　ただし、「心情」は単独では存在できないので、「肉体」が優勢なときは強い感情に、「心情」が優勢なときはしみじみした深い情調になるとされる[6]。また、「精神」が「心情」よりも優勢なときは「心情」が拘束される。反対に「精神」が「心情」に従属・融合すると「心情」が輝いて豊かな芸術・文化が生まれるとされる。

　このように、「心情」も「肉体」と同様に「精神」の影響を受ける。「心情」「肉体」「精神」がそれぞれ連関しているので、相互に影響を受けるのは当然である。

5 「精神」には「捨我」と「執我」の両面がある

「精神」には受容面としての「理解・判断」と、実施面としての「意志・意欲」があることを述べた（表1）。「精神」は「理解・判断」に基づいて、意志・意欲を発動して実施（実行）する。人間は、誰にも精神の働きとしての自我がある。

自我の動向には、捨我と執我の双極性があるとされる。「表2 動向の体系

表2　動向の体系（捨我と執我）[7]

捨我（解放）	執我（拘束）
精神的動向	
1′　感激性能 　　a　真理渇望、認識欲 　　b　造形衝動 　　c　適正愛、誠実、忠実	1　理性性能 　　a　理論理性性：事理性、批判 　　b　美的理性性：様式欲求 　　c　倫理理性性：義務感、良心、責任感
個人的動向	
2′a　自発的捨我 　　郷土愛・動物愛等、情熱、讃歓、崇拝、喜捨、 　　献身、自由衝動、エロス・アガペー	2a　自我拡大傾向（自発的エゴイズム） 　　行動欲、攻撃欲、自利、取得欲、支配欲、 　　名誉欲、虚栄、「エゴイズム」、自己 　　表示欲
2′b　受動的捨我 　　親切、善良、温かみ、忠実、柔和、静観	2b　保身傾向（受動的エゴイズム） 　　慎重、不信、心配、虚偽、自己評価欲、 　　警戒、打算、恐怖
2′c　反応的捨我 　　関与、同情、諦観	2c　個人我復旧動向（反応的エゴイズム） 　　我意、反抗、頑固、気を悪くしやすい、 　　羨望、復讐心、嘲笑癖、意地悪な喜び、 　　邪推
3′a　精神的拘束の不足 　　愚行、無知	3a　感激性の不足 　　味気ない、冷たい、乾燥、残忍
3′b　エゴイズムの不足 　　無私、我慢、謙遜、気楽	3b　愛の性能の不足 　　冷酷、無関心
4′　官能的捨我 　　生の衝動、性愛、陶酔	4　官能的享楽欲 　　欲動昇華、快楽欲、欲動変質
5′　自制の不足 　　無節度、無拘束、パニック	5　自制 　　節制、克己、抑制、堅固
情熱 — 畏敬　　　　基本心情　　　　能動性 — 確信 矜恃 — 謙虚　　　自我感情の両極　　　自負 — 自棄 明朗 — 気鬱　　　　気分の両極　　　成功の快 — 無力		

（捨我と執我）」は赤田豊治によると、「右側（執我）は生命性が自我によっ
て拘束され、生命の力が自我の目的に向けられる動向、左側（捨我）は生命
性が自我の束縛から解放され、宇宙自然、或いは人間の仲間と生命的に心が
通じ合う動向」とされる[8]。「捨我」は「無欲」、「執我」は「我欲・欲張り・
欲かき・わがまま」ともいえる。「執我」の本質は意志であり、意志から発
する「エゴイズム」である。

　「精神」が「捨我」のときは生命が自我に縛られないので、「生命」と「精神」
が協調し、生命が躍動する。肉体が疲れを訴えているときに精神が捨我とし
て肉体の心に傾聴してじゅうぶん休めば、心情もさえて生命が躍動する。

　片や、「精神」が「執我」のときは生命が自我に縛られるので、「生命」が
「精神」に拘束・支配され、生命が萎縮する。疲れたり、睡魔が襲ってきて
も無視して徹夜を強いる意志は執我としての精神である。登山中に疲れがた
まっているのに、強行する意志も執我としての精神である。

　女性アスリートは、生理が止まることも珍しくないようである。執我とし
ての精神が生命を無視して、ハードな練習を肉体に課すからである。肉体は
執我としての精神にあがらう手段を持っていないので、執我としての精神の
命令を拒むことができない。生理が止まる前から肉体はサインを出している
はずなのだが、気づいていてもハードな練習を強行したのか、そもそも気づ
いていないのかは当事者でないので分からない。過度のダイエットによる肉
体の不調も、執我としての精神による肉体を無視した食事制限がもたらした
ものである。

　このように、精神が執我としての肉体を支配すると生命は悲鳴をあげる。
生命が精神の支配下に置かれ、生命が精神にコントロールされる。執我とし
ての精神が肉体を酷使すればするほど、心情の貧困に拍車をかける。これは、
人間のみに起こることである。なぜなら、人間だけが「精神」を持っている
からである。

　「こうありたい」「○○ができるようになりたい」などの目標を持つことは、
悪いことではない。問題は目標の内容である。目標が高ければ高いほど、エ

ゴイズムが強まる。

　目標が高すぎると生命に無理をさせてまでも目標を達成しようとするので、自分の生命を自ら脅かすことになるとともに、他人や自然も脅かすことになる。無理な目標を達成しようとすると、戦略や策略をめぐらし、不合理なことにも平気になる。

　目標の内容および達成の道筋は自分の生命のみならず、他人や自然と共存できるものでなければならない。自分の生命と対話しながら、自分の生命に傾聴しながら行動しなければならない。

　このように、「精神」には生命を躍動させる「捨我」と、生命を萎縮させる「執我」の両面がある。捨我が勝る傾向が強い人もいれば、執我が勝る傾向が強い人もいる。ただし、捨我だけの人もいなければ、執我だけの人もいない。捨我と執我の双極の間で動くことになる。それも一定しないので、固定されたままの人はいない。それぞれの強弱、動向はそのときの状態による。

　以下、表2を基に、捨我と執我を紐解いてみたい。

（1）「捨我」のときの「精神」の状態とは

　精神が「捨我」のときの精神の状態は、「自我・我欲が捨てられ（捨我）、生命が自我・我欲から解放された状態」であり、「自我・精神が生命に対して受け身の受動的な状態」である。自我・我欲が捨てられる分、自然や他者に傾聴することが可能となると同時に、自然や他者に融合することができる。自然や他者に閉ざされることがないので、生命が躍動する。観得力や形成力も高まり、豊かな芸術・文化が生まれる。先史時代は精神が生命に従属していたので、生命が充実し、豊かな芸術・文化が生まれたとされる。

　自我・我欲が捨てられ、自我・我欲からの解放によって、真理・美・適正愛などを通して、感激性能がもたらされる。「捨我」には自発的捨我や受動的捨我などのタイプがある。自発的に自我・我欲を捨てることによって郷土愛・動物愛・情熱・献身などが生じ、受動的に自我・我欲を捨てることによっては親切・忠実・温かみなどが生まれるとされる [9]。そのほかに、謙遜・謙

虚なども自我・我欲が捨てられ、自我・我欲から解放されることによって生まれるとされる。

（2）「執我」のときの「精神」の状態とは

　精神が「執我」ときの状態は、「自我・我欲にとらわれ（執我）、生命が自我・我欲に拘束・支配された状態」であり、「自我・精神が生命に対して能動的な状態」である。自我・我欲にとらわれるため、自然や他者に傾聴することが困難になる。自然や他者が発する声よりも、自分の考えや都合が優先する。多様性を無視して概念化したり、統一したり、規範化したりする。概念化・統一・規範化は多くの要素を切り捨て、その範囲でしか把捉できない宿命がある。

　自我・我欲は「エゴイズム」である。精神が「執我」ときは、精神が自我・我欲（エゴイズム）に支配された状態なので、「執我」は「エゴイズム」そのものである。「エゴイズム」にもいくつかのタイプがあるとされる。自発的なエゴイズムは、自我を拡大させようとする自発的エゴイズムである。行動欲を生み、獲得欲・私欲（営利欲・商魂など）・支配欲・名誉欲・感情的エゴイズム（迎合心など）などとなる。憎悪・惨忍なども生む。受動的エゴイズムは保身しようとするエゴイズムである。保身のために、用心・慎重・警戒・打算・不信・虚偽・猜疑・臆病・偽善・不実などが働く。そのほかに、反抗・独善・頑固・羨望・復讐心・嘲笑癖・意地悪な喜び・邪推、冷たい・残忍、冷酷・無関心・無慈悲などもエゴイズムとされる。

　子どもの頃から、スポーツや試験で競争を繰り返したり、勉強して多くの知識を得ることでいい成績を目指すのは問題なさそうだが、競争心・知識欲・成果渇望・序列感情などは自発的エゴイズムとされる。スポーツしたり、勉強したりすることを問題にしているのではない。相手に勝ったり、いい点数をとることを目標にしないで、楽しみながら身体を動かしたり、子どもなりの学びをじっくり深めることが重要である。

　競争と成績に象徴される学歴社会がエゴイズムの温床であるとともに、

SDGsを掲げなければならない病根になっていることに気づかなければならない。

　資源を根こそぎとるのも、所有欲・収穫欲というエゴイズムである。マタギに同行したことがあるが、マタギにとっては山の幸を絶やさない収穫があたりまえであった。必要な量しか収穫しなかった。フキを採取したときは1株から生えている3本のうちの1〜2本を残したうえで、切り取ったフキの根元を強く踏みつけていた。踏みつけた理由を尋ねたら、そのままにしておくと切り口に雨水が溜まって根元が腐り、やがて死滅するからということだった。ここには、人間と自然が共存する思想がある。貪欲なエゴイズムはない。マタギのこの考えから学ぶことは多い。組織や国家も人間が動かしているので、エゴイズムは個人のみならず、組織や国家にも蔓延している。

　政治家・行政機関・学校・大学・企業などは問題を起こすと、率直に認めればよいのに、言い訳したり、虚偽の答弁を繰り返したりすることが多い。一度虚偽すると引っ込みがつかなくなって、虚偽を塗り重ねる袋小路に逃げ込まざるを得なくなる。そして、真実が覆い隠されてしまう。

　個人であれ、組織であれ、ミスは付きものである。ミスしたら率直に認めて、今後ミスしない対策を講じればよいだけなのに、それが保身のためにできないのである。保身もエゴイズムである。誠実さとは真逆である。

　政治家、中でも政権を担っている政府は国民の幸福を増進する使命がある。中央官庁の役人も、国民全体の奉仕者とされる。政府や官庁はエゴイズム克服の社会をつくる先頭に立たなければならないのに、自らの言動を通して、逆にエゴイズムに市民権を与える先導的な役割を果たしている。エゴイズムに毒された政治家・役人がいくらSDGsの達成とか、脱炭素社会といってもちゃんちゃらおかしい。SDGsや脱炭素を本気で達成しようとするなら、誰がみても誠実さにあふれる政治家・役人でなければならない。現状を考えると、絶望的である。だから、幼少期からエゴイズムを克服する体験を積み重ねて、将来に期待するしかない。

　政治家・行政機関・学校・大学・企業などのエゴイズムが放置されると、

それが手本・基準・習い性となり、社会にエゴイズムが蔓延する。エゴイズムの放置は、悪影響このうえない。

　幼少期の子どもにもわがままなどのエゴイズムの芽はあるが、大人ほどのエゴイズムはない。心情あふれる純心さや無心さが勝っている。大人になるにつれてエゴイズムが強まるのは否定できない。しかも、エゴイズムは、味を占めるとますます強化されるからたちが悪い。幼少期の子どもをみていると、人間は生来からエゴイズムを持っているが極めて弱いことが分かる。

　残念ながら、本書の第3章（46-95頁）で提示したエゴイズムを克服するための方法が家庭・保育・教育・社会で積極的に取り組まれていないのは否定できない。ということは、現状の家庭・保育・教育・社会そのものがエゴイズムを育み、助長しているともいえる。

　エゴイズムが支配する人間・社会・文明を克服するためには、家庭・保育・教育・社会が第3章で提示したエゴイズムの克服法を手がかりに取り組まなければならない。そのためには、人間が持つエゴイズムを他人事（ひとごと）ではなく、自分自身の切実な問題として捉えることができるかにかかっている。

（3）「エゴイズム」の具体的な内容とは

　『性格学の基礎』の表の簡略版である「表2（28頁）」には、「執我（拘束）」の「個人的動向」である「自発的エゴイズム」「受動的エゴイズム」「反応的エゴイズム」それぞれの内容が書かれているので、具体的な内容はある程度分かる。

　『性格学の基礎』の表[10]は、表2よりも詳細に書かれている。その表ではエゴイズムを5つに分類し、それぞれの具体的内容を列記している。分類は略すが、具体的内容には「誰でも納得できるエゴイズム」が多いが、「これもエゴイズムなの」と思われるエゴイズムもある。「これもエゴイズムなの」とされているエゴイズムも、執我がもたらすエゴイズムであることを理解しなければならない。

　以下、表の具体的内容から抜粋してみたい。いかにエゴイズムの内容があ

るか、いかにエゴイズムが氾濫しているか、いかにエゴイズムが根強いかを思い知らされる。

　SDGs の達成は、これらのエゴイズムとの戦いでもある。エゴイズムの克服なくして、SDGs を達成できないのは明白である。

　①　誰もが納得できると思われるエゴイズムの具体的内容

　以下に列挙したエゴイズムは人間として望ましくないものなので、エゴイズムとすることに異論のある人はいないと思われる。括弧内は筆者による補足。

　性悪（性質が悪い）、憎悪、惨忍、破壊意志、悪魔的、行為衝動、守銭奴（お金に欲深い人）、しみったれ、けちん坊、営利欲、射利心（手段を選ばずに利益得ようとする）、攻撃欲、名誉欲、名声欲、私欲、商魂、支配欲、権勢欲（権力を握って威勢よくしたい）、優越意志、序列感情、階級意識、愛顧心（ひいき）、称賛欲、顕示欲、妥当欲、賛同願望、虚栄心、精神的重鎮欲、装身欲、迎合心、媚態（こびる）、愛されたい意志、用心、不信、顧慮、警戒、打算、臆病、邪推（意地悪い推量）、猜疑（ねたみ疑う）、羞恥（はじらい）、狡猾（ずる賢い）、狡智（ずるい考え）、老獪（経験を積んだ悪賢さ）、不実（誠実でない）、虚偽、偽善、反抗精神、抵抗心、独善、気まぐれな恣意、闘争好き、頑固、頑冥（かたくなで道理が分からない）、片意地（自分の考えを執拗に通す）、固陋（習慣や考えに固執して他を受け入れない）、依怙地（意地を張る）、つむじ曲り（ひねくれた性格）、不従順（従わない）、不服従（抵抗する）、天邪気（ひねくれ）、過敏、傷つき易い、悪意にとる、根に持つ、和解しない、報復心、復讐心、口論癖、喧嘩買、非妥協性、嘲笑癖、批判癖、皮肉、鉄棒曳（大げさに触れ回る）、権謀術数癖（たくみに人を欺く策略）、羨望（うらやむ）、悪意、他人の不幸を喜ぶ、意地悪、陰険（陰で悪いことをする）、嫉妬（うらやみとねたみ）、孤立欲、独思、自己中心主義、関係妄想、孤陋（見識が狭く偏る）、感傷、党派性、皮相的、表面的、信用がおけない、頼りなさ、無責任、良心欠如、お天気屋（ころころ変わる）、無定見（定まった考えや意見がない）、威厳が

ない、気の抜けた、無味乾燥、非感性的、冷たい、冷酷、冷淡、無情、無慈悲など。

②　エゴイズムではないと誤解されやすいエゴイズムの具体的内容

以下の具体的内容はエゴイズムに思わないかもしれないが、執我（拘束）のエゴイズムに含まれることに留意しなければならない。

企業心、活動・行動欲、成果渇望、獲得欲、慎重、心配、所有欲、節約欲、貪欲、蒐集欲、好奇心、習得欲、知識欲、自己注察傾向、自己観察傾向、自己評価欲。

中でも、「活動・行動欲、慎重、心配、好奇心・習得欲・知識欲」を意外と思う人が多いかもしれない。活動・行動欲は、意志を強めて生命に無理を強いるからである。何かをする場合に情熱は大事だが、「○○しなければならない」「いつまでに○○を達成したい」という意志が強まって心情や肉体の声を無視しかねないからである。慎重及び心配は、保身の表れだからである。保身とは、自分の自我・我欲を守って保持しようとする働きである。用心・警戒・臆病・不実・虚偽なども、慎重・心配と共通する。好奇心・習得欲・知識欲は、獲得欲に含まれるからである。獲得欲は、所有欲でもある。獲得欲は守銭奴（お金に欲深い人）などももたらす。

6　SDGsとエゴイズムの関連

SDGsの17の目標を、エゴイズムと関連づけてみたい（括弧内は筆者による）。

①　貧困をなくそう（貧困撲滅）

貧富の差は、権力者による支配や一部の人による富の独占などによって生じる。富の独占には、不公平な税制や法を守らない悪質なものもある。ある程度の貧富の差は認めるとしても、生存が脅かされるほどの貧困者がいることを考えると、税制・脱税に対する対策、税の配分は再考を要する。

貧しい生活を余儀なくされている国民が多いのに、権力者が贅沢三昧の生

活をしていたことが明らかになることは珍しくない。これは、権力者の獲得
欲・私欲・支配欲が大きく影響している。権力者の獲得欲・私欲・支配欲が
強まると独善的になり、人を信頼しなくなる。そのため、相手を信じないの
で警戒し、惨忍なこともいとわなくなる。国民の生活よりも、自分の生活を
優先する。この「獲得欲・私欲・支配欲」「独善的・不信・警戒・惨忍」は、
エゴイズム以外の何ものでもない。

②　飢餓をゼロに（食料確保）

飢餓も貧困と同根で、貧困と同じエゴイズムによる。飢餓を生むのは、政
治体制が大きい。自然災害によって食料難になったとしても、備蓄して備
えたり、国家間で助け合えば済む話である。政治体制の対立が、食料確保を
困難にしていることも珍しくない。そのため、国連や民間のボランティアや
NPO などが食料確保のために動き回ることになる。

③　すべての人に健康と福祉を（健康・福祉）

貧困者ほど、健康・福祉に恵まれていない。健康・福祉は、国家による差
も大きい。健康・福祉が行き届いている国もあれば、そうでない国もある。

健康・福祉に必要な予算が回らないのは、権力者が私欲を肥やしたり、軍
事予算などに多く使ったりなどするからである。国民一人一人を大事にする
なら、健康・福祉に配慮した国家予算を組めばよいだけである。

国民一人一人に密接に関わるのに健康・福祉が重視されないのは、権力者
の「獲得欲・私欲・支配欲」というエゴイズムが関わっている。

④　質の高い教育をみんなに（教育・生涯学習）

世界を見回すと、教育を受けられない人は多い。教育を受けられない国
民は、生涯学習どころではない。教育も貧困と密接に関わっている。健康・
福祉と同様の問題を抱えている。教育が受けられないのも、権力者の「獲得
欲・私欲・支配欲」というエゴイズムが関わっている。

⑤　ジェンダー平等を実現しよう（ジェンダー平等）

近年、ジェンダー・フリーが叫ばれている。男尊女卑・家長制度の長い歴
史がある。現代でも、男尊女卑の国は少なくない。一夫多妻が認められてい

る国がいまだにある。

先進国でも、企業によってはジェンダー・フリーを推進している国もあるが、そうでない企業も少なくない。ジェンダーで差別されることのない社会づくりが急務である。

ジェンダー・フリーが進んでこなかったのは、男性による支配欲・所有欲・権勢欲・優越意志というエゴイズムが大きく関わっている。

⑥　安全な水とトイレを世界中に（衛生）

衛生面の悪化は、人間の生存を脅かす。衛生も貧困、食料確保、健康・福祉と同じ問題を抱え、貧困と同じエゴイズムによる。また、飲料としていた河川・沼などの水質汚染も見逃すことができない。飲むことができていた川の水が、汚染によって飲めなくなることも少なくない。水質汚染は、工場の排水や土地の造成などからもたらされる。

水質汚染をもたらす工場の排水や土地の造成は、企業などの私欲（営利欲・商魂など）というエゴイズムによる。水質を汚染しない排水や土砂の流入防止には莫大なお金がかかるので、水質汚染防止の対策を始めからしないのである。

⑦　エネルギーをみんなに、そしてクリーンに（クリーンエネルギー）

地球温暖化の主たる原因は二酸化炭素である。二酸化炭素の排出は、石炭を燃料とする火力発電所や製鉄所などが多い。火力発電所や製鉄所が排出する二酸化炭素の総量に比べると、自家用車から排出される二酸化炭素は多くない。工場の煙突に装置をつけると、ばいじん・粉塵、硫黄酸化物などの放出を防ぐことはできるが、二酸化炭素そのものの排出をなくするのは難しいとされる。となると、石炭などの化石燃料の使用を止めるしかない。発電は環境に優しい方法（水力・風力・太陽・地熱・水素など）をもっと促進しなければならい。製鉄も水素などで行う方法の開発が急務である。

ただし、電気自動車はクリーンなイメージがあるが、リチウム電池製造は低賃金の下で大量の水を使うので必ずしもクリーンではない。原子力発電も通常は有害なガスを排出しないが、放射能の管理に大きなリスクを抱えてい

るので決してクリーンとはいえない。何事も 100％はあり得ない。現に、放射能放出の事故が起きている。

　地震などの天災も 100％予想したり、コントロールすることはできない。100％予想したり、コントロール可能とするのは、自然に対する冒涜であり、人間のおごり・エゴイズムである。また、武器による攻撃などの人災も排除できない。

　そもそも、政策によって進められたことで被害が発生しても、自然災害などの防ぎきれないことが原因の場合は免責されること自体が問題である。政策の決定者は、その政策に責任を持たなければならない。組織に属する人間が被害を与えても、被害を与えた個人が責任を取らずに組織が責任を取る現状も問題である。政策決定者および実行者に責任を負わせることによって、政策・施行が事前にじゅうぶん吟味されるようになれば、被害は現状よりも減少すると思われる。福島の原子力発電所の事故が起きても、原子力を推進してきた為政者の責任が問われないのは信じられない。

　安易に化石燃料を使い続けたり、原子力発電を続けているのは、企業の私欲（営利欲・商魂など）というエゴイズムによる。為政者が是正の方針を打ち出せば改善できるはずなのに、そうならないのは企業と為政者が一体となっているのだろう。政治家のエゴイズムも働いている。

　化石燃料・原子力発電以外の方法には、技術革新などのために膨大な経費がかかる。化石燃料は大気汚染を引き起こすが、それをがまんすれば安価な燃料にちがいない。原子力発電も、放射能漏れを起こさなければ大容量の電気を発電できる。私欲（営利欲・商魂）というエゴイズムのために、安易に化石燃料や原子力に頼っているのである。

　お金をかけて技術革新をする、省電力の生活に転換するなどの意識改革が求められる。

⑧　働きがいも、経済成長も（雇用・経済成長）

　日本では、非正規雇用の多さが問題になっている。正社員は身分や収入が保障されるが、非正規社員は極めて不安定になる。経済界が人件費を抑えた

いために非正規雇用を国に認めさせたからである。

　信じられないが、雇用において差別が認められている。これは企業による私欲（営利欲・商魂など）というエゴイズムによる。非正規雇用を公認している政治家のエゴイズムも働いている。短時間働きたい人のためにアルバイトは存続させるべきだが、同じ労働なのに身分が正社員と非正規社員がある状況は早急に改善しなければならない。働きがいを持つためには、同等の身分が不可欠である。

　もはや大量生産・大量消費の時代ではない。大量生産・大量消費が起こる原因は、人間のエゴイズムである。商品を物としてしか思っていないのである。

　日本は古来から、無生物や物にも生命を見いだしてきた。物にも生命・心があるとする古来から日本人が大事にしてきた考えに基づけば、物を粗末に扱ったり、過剰に生産・消費することは考えられない。

　しかも現代は人口が減少し、必要量生産・必要最低限消費・リユース・リサイクルの時代である。この新しい生活様式に合致した経済活動に転換し、その生活様式によって地球とともに歩むための経済を考えなければならない。企業の売り上げが伸びて、所得が増えることを第一に考える時代ではない。

　無生物や物にも生命・心が宿るという考え方に基づく、地球や人間に優しい経済でなければならない。

　⑨　産業と技術革新の基盤をつくろう（技術革新）

　技術革新に求められるのは、生産性の向上によって企業がもうけたり、個人の所得が増えることではない。地球環境を豊かにするとともに、雇用に差別がなく、一人一人がこの地球で豊かに生きるための産業と技術革新でなければならない。地球環境を悪化させている産業は、悪化させないための技術革新が急務である。さもなければ、その産業を廃止し、再編していかなければならない。

　このような産業と技術革新が目標となるのは、企業の私欲（営利欲や商魂）

というエゴイズムのために、人間が地球環境を悪化させてきたからである。

⑩　人や国の不平等をなくそう（国内・国家間の格差是正）

　難民問題を見るまでもなく、どこの国に生まれるかは個人・家族の人生を大きく左右する。国家に格差があるからである。この問題は、個人では解決できない。難民が生まれる原因を解決しないかぎり、難民はなくならない。国外に逃げなければならない状況は、その国家の政治による。為政者の獲得欲・私欲・支配欲・名誉欲というエゴイズムが大きく関わっている。

　国に問題がある場合こそ国連の出番であるが、国家の利害が絡んでじゅうぶん機能しているとはいえない。残念ならが、正論が通らないのである。

　また、どの国も所得格差、ジェンダーによる差別、思想信条による差別などの不平等を抱えている。先進国といわれる国でさえ、民主的で平等な統治に問題を抱えている。政治も未成熟なことは認めなければならない。未成熟だからこそ、多様な意見に耳を傾け、熟議して情報を公開し、国民一人一人が納得できるようにしなければならない。

　政治家が私欲を優先したり、族議員として特定の業種や団体を優遇することから決別しなければならない。全ての政治家や企業などの組織が獲得欲・私欲・支配欲・名誉欲というエゴイズムから決別し、真に国民一人一人のために活動しなければ国内の不平等は決して克服できない。

⑪　住み続けられるまちづくりを（まちづくり）

　住民が住み続けられなくなる理由として、海水面の上昇、公害の発生（大気汚染・放射能汚染など）、火山・異常気象・地震などの自然災害、過疎化などがある。無論、迫害などによって居住地を追われる難民問題も無視できない。

　海水面の上昇は地球温暖化が原因で、人間のエゴイズムが引き起こしたものである。公害も、人間のエゴイズムによる。異常気象による河川の氾濫や山の崩壊なども、地球の温暖化、河川の改修、人工林などの影響がある。河川の改修はコンクリートの堤防やダムを造るという生態系を無視した発想に基づいている。人間のエゴイズムである。

　そもそも、自然である河川を人間が100％コントロールできるものではない。生態系に配慮して、かつ被害を最小限にするための複合的な対策を講じなければならない。森林の生態系を無視した杉を主とする人工林は、保水力がないうえに土壌が流れやすい。管理の放棄とも相まって災害発生の大きな原因になっている。地球の地表面積の約7割もが人為的に手を加えられ、手が加えられていないのは約3割にすぎないとされる。しかも、人為的な7割は、年々増え続けている。

　また、過疎地は電車・バスなどの公共交通機関の廃止が進み、アクセスが不便になってきている。住民の減少は、ガソリンスタンド・商店・病院・学校などの減少を引き起こしている。

　このように、過疎地で生活できる環境がむしばまれている。行政によっては民間の鉄道会社やバス会社に補助したり、循環バスを運用したり、タクシー券を補助したりしているところもある。しかし、企業が商売として成り立たない分野こそ、行政が税金を投入して整備・維持しなければならない。

　でなければ都市部にだけ人口が集中し、過疎地がますます荒廃する。過疎地は国土の保全にも大きな役割を果たしていることを忘れてはならない。そのためには、行政サービスを充実させるなど、魅力ある過疎地にしなければならない。

　今の時代、軍事費がこれほど必要なのだろうか。政党助成金も必要なのだろうか。歳費は適切なのだろうか。さまざまな助成金や予算配分は適切なのだろうか。限られた税金は、どの地域に住むかに関係なく国民に公平に使わなければならない。しかも、国全体の環境保全にも配慮しなければならない。

　一人一人の生活が豊かになり、国全体の自然環境もよくなるための予算執行や行政サービスなどの在り方を考えなければならない。

⑫　つくる責任、つかう責任（持続可能な生産・消費）

　かつては、企業が金儲けのために製品を作り続けていた。作りすぎの製品は過剰供給を引き起こすので大量廃棄を生んでいた。また、製品から問題が

起きた場合は、製造責任が問われるようになってきた。製造責任は当然のことである。

　自由主義経済下では、企業がどのような製品をいくつ作るかは自由である。しかし、企業は私欲（営利欲や商魂）というエゴイズムを優先して環境を汚染してきたことは紛れもない事実である。

　SDGsによって、企業や消費者の意識が変化してきているのは歓迎すべきことである。環境、労働条件、ジェンダーなどの人権、コンプライアンスなどに配慮しない企業は社会や消費者からますます拒否されるであろう。

⑬　気候変動に具体的な対策を（気候変動）

　二酸化炭素の大量排出によって温暖化が進み、さまざまな影響が出てきているのは周知の事実である。気候変動に対する危機感から、パリ協定（2015）やSDGs（2015）が生まれている。SDGsは、2015年から2030年の15年間で達成すべきものとしている。

　効果的な具体策によって、2030年前に達成されるにこしたことはない。しかし、2015年から6年経過した現在の状況をみると、企業や国家のエゴイズムのために具体的な対策が確実に講じられてきているとはいえない。このまま国や企業の取り組みを待っていては、2030年までにSDGsを達成することは相当な困難が予想される。

　そこで、国や企業を動かす世論づくり、国民一人一人の積極的な行動が求められる。

⑭　海の豊かさを守ろう（海洋資源）

　マイクロプラスチックによる海洋汚染は、深刻な状況にある。また、海水温の上昇、河川の汚染、埋立や河川改修、森林の未整備、乱獲などによって、魚などの海洋資源が減少・悪化してきている。沿岸部・深海部・海水全般の環境は、相当悪化していると思われる。海洋資源の減少・悪化も、人間のエゴイズムがもたらしている。

　海の環境をよくするとともに、乱獲を防いで、海洋資源を豊かにするためにしっかり管理していかなければならない。一部の国・企業・個人による乱

獲を許さない状況を作らなければならない。

⑮　陸の豊かさも守ろう（生物多様性）

　陸の豊かさが失われることによって、生物の生存環境が悪化し、どれだけ根絶された動植物があることか。人間は人間以外の動植物に依存しているので、生物多様性が失われることは他の生命に依存しなければ生きることができない人間の存続に関わる重大な問題である。

　陸の豊かさが失われた原因は地球温暖化もあるが、畜産・農産・林産のための大規模な森林伐採による森林の喪失、人工林及び人工林の未整備による保水力などの森林機能の喪失、ダム設置及び河川改修による水性動植物の死滅、鉱山による水質および大気汚染による森林や河川に対するダメージなどがある。これら森林伐採・ダム設置および河川改修なども人間の私欲というエゴイズム以外の何ものでもない。ここには、生物多様性に対する配慮はない。河川を、安易にコンクリートにしてはならない。過去にも学びながら、生物多様性に配慮した河川改修を考えなければならない。

　生物の多様性あってこそ、人間が生存できることを忘れてはならない。根絶された種を回復することはできない。一時的に利益を得るために、生態系を破壊することは簡単である。しかし、生態系は一度破壊すると、元に戻すのは容易ではない。ある程度回復するにも、時間が相当かかることを覚悟しなければならない。

⑯　平和と公正をすべての人に（平和・公正）

　平和を阻害するのは、争いである。国家間の争いは、戦争である。国内の民族間の争い、イデオロギーの違いによる争いもある。武力による争いはもちろん、武力によらない争いもある。安心して生活できない状態は、平和が阻害されている状態である。争いの原因は領土拡大欲、権勢欲、優越意志というエゴイズムである。

　不公平は差別を生む。公平とは、偏らないことである。権力のある者が特定の人・企業・団体を優遇すれば、その時点で不公平が生じる。性別・地位や身分・経済力などによる差別も不公平である。意図的な不公平もあるが、

当事者が意識しない不公平もある。

　不公平は権力のある者によってもたらされることが多い。公平にならないのは、利害関係が関係する場合が多い。そこには、権力のある者の私欲というエゴイズムが関わっている。

　⑰　パートナーシップで目標を達成しよう（共同・協力・連携）

　SDGs の各目標を達成するためには、国・企業・個人などの共同・協力・連携が不可欠である。例えば地球温暖化の目標に関わる数値と期限を設定しても、熱心に取り組む国・企業ばかりなら問題ないが、無視する国・企業があれば目標達成は困難になる。

　目標達成のためには、地球上の全ての国・企業・個人が共同・協力・連携しなければならない。二酸化炭素を削減する革新的な技術が開発されても、その技術を共有しなければならない。

　目標を達成するための姿勢や具体的行動計画には、残念ながら、国家・企業の利害が絡んでいるので目標の達成は楽観できない。

　核兵器はないほうがよいに決まっているのに、核保有国は聞く耳を持たない。唯一の被爆国である日本も、政府は核廃絶に消極的である。正しいことに熱心に取り組まない国・企業を支配しているのはエゴイズムである。核廃絶という合理が通らないのは、エゴイズムである。エゴイズムは、不合理であることを承知しながらも押し切るのである。エゴイズムには、必ず理由がある。政府が核廃絶に消極的なのは、アメリカの核の傘の下で国を守るという理由だけではあるまい。政治家の個人的な利害も関わっていると考えるのは考えすぎだろうか。

　よく問題が起こると、為政者や企業などは謝罪し弁明する。しかし、心から悪いと思っていないので、平気で嘘をついたり、対応に問題はなかったなどと言い訳をする。ほんとうに悪いと思うなら、本気で原因を究明し、改善のための具体的な対策をとり、これらを公表しなければならない。根底から悪いと思っていないので表面的に謝り、質問されてもはぐらかすのは、保身のエゴイズムである。良心や誠実さがないのは、心情が豊かに育っていない

のである。

　SDGs の 17 の目標に関わる、環境汚染による「気候変動、海洋資源および生物多様性の減少、衛生環境の悪化」、不平等による「貧困・飢餓・教育格差・ジェンダー差別・不公正・雇用形態の格差」、大量生産と大量消費、人権及び平和の侵害などに共通する元凶はエゴイズムである。人間に関わる全ての問題は、人間特有のエゴイズムが引き起こしている。

第 3 章
エゴイズムを克服しよう

　エゴイズムは、人間だけが持っている「我欲」である。究極かつ最強のエゴイズムは殺人であろう。理屈では、殺人が許されないことは誰もが理解している。殺人には、個人・集団・民族・国家などのレベルがある。殺人は肉体的な生命を奪うが、いじめ・差別・ハラスメントなどで心情的・精神的な生命を奪うものもある。また、確固たる証拠を突きつけられても認めなかったり、再犯を繰り返したりなど、エゴイズムは根強い。エゴイズムが、それだけ強固な 証 である。

　エゴイズムが暴走するのはエゴイズムを抑制する心情が育まれていないことが最大の原因であるが、理屈とエゴイズムが「精神」という家の「執我（31-33頁参照）」という部屋に同居し、一体になっていることにも根本的な原因があると思われる。理屈は建前でもある。理屈でいくらだめだと言い聞かせても、もたげるエゴイズムを制止することはできない。

　しかし、人間の誰もが殺人するかといえばそうではない。では、殺人をいとわない人としない人との差はどこにあるのだろうか。エゴイズムが弱い人は心情が豊かに育まれ、反対に強い人は心情があまり育まれていないからだと思われる。

　「領土拡大のためには戦争・殺人もいとわない」「金儲けのためには空気・川・海が汚れてもかまわない」「金儲けのためには目の前の動植物を根こそぎとってもかまわない」「自分の権勢欲のためには他人を陥れてもかまわな

い」などもエゴイズムである。

　エゴイズムをまったく感じさせない人もいるが、強弱や現れ方に千差万別あっても、エゴイズムは誰もが抱えている。

　煩悩もエゴイズムである。古くから、厳しい修行・鍛錬によって煩悩を克服しようとしてきたことは誰もが知っている。また、さまざまな宗教や道徳で理想を掲げても、いまだに戦争がなくならない現実がある。エゴイズムの巨大さを思い知らされる。

　SDGsを掲げなければならなくなった地球環境の悪化、貧富の拡大、性差別なども、人間のエゴイズムがつくりだしたものである。

　SDGsを達成するためには、有効な具体的な行動を直ちに起こさなければならない。しかし、具体的な行動によってSDGsの達成に近づくことができたとしても抜本的な解決にはならない。抜本的に解決しなければ、新たな問題が次々と出てくることは目に見えている。ではどうすれば抜本的に解決できるのだろうか。それは、エゴイズムを抑制・克服できる人づくりにかかっている。その人づくりは、幼少期から始めなければならない。

　エゴイズムは極めて強固なので、「川や海や空気を汚さない」「他人に優しくする」といっても、それを確実に実行するのは至難の業（わざ）である。殺人が悪いのは誰もが認める。それなのに、兵士や市民による殺人はなくならない。誰が考えてもよくないことがなくならないのは、頭だけで、理屈だけで、建前だけで考えて深刻に受け止めていないからである。よくないことの意味が、自分の生命に深く刻み込まれていないからである。

　では、どのようにすればエゴイズムを克服できるのだろうか。理屈とエゴイズムが同居する「精神」は当事者なので、頭でいくら考えてもエゴイズムを克服できない。エゴイズムを支えている理屈である意識・概念レベルに訴えても効果があまり期待できないのは、歴史が証明している。

　そこで、無意識レベルの生命そのもの、中でも「心情」の働きを高めることによってエゴイズムの暴走を止めることが期待できる。エゴイズムの暴走を止めることによって、生命と協調する「精神」本来の働きを取り戻すので

ある。生命、中でも「心情」の働きを高めることによって、「精神」の働きであるエゴイズムがもたげてこないようにするのである。

　生命の働きを高めることは、生命を担っている「心情」を豊かに育むことである。心情の「観得力」と「形成力」を育むことによって生命が豊かにならなければ、執我としての精神の表れであるエゴイズムが生命を支配するのを防ぐことはできない。心情を豊かにすることによって、精神が生命に従属し、生命と精神が協調する道が開かれるのである。生命と協調する精神が、捨我（30-31頁参照）の状態であることはいうまでもない。

　子どもの心情を豊かに育むことは、大人が考えるレベルに子どもを引き上げることではないことに留意しなければならない。大人は心情が豊かに育まれる環境を徹底的に考えて整えていかなければならないが、育むのは子ども自身であることを忘れてはならない。子どもが心情を豊かに育むための栄養を大人が提供しながら、どれくらい育つかは見守るしかない。

　以下、生命の働きを高める具体的な方法を考えてみたい。

1　心情の「観得力」と「形成力」を育む

　人間の心情は、「精神」が関わることによって「からだ」の欲動から離れ、「観得」と「形成」性能をもたらすことは第2章で述べたとおりである。さらに、「観得」は感覚や意識ではないこと、「観得」は目の前で繰り広げられることを先入観や特定の考え方で切り取るのではなく、ありのままかつ共感的に感知することであることを第2章で指摘した。

　では、どのようにすれば「観得力」や「形成力」を育むことができるのかを考えてみたい。

（1）　体験を重視する

　我々は生きているから体験できる。宇宙に生きているから、体験によって宇宙と呼応できる。生きているから、森羅万象の意<ruby>意<rt>こころ</rt></ruby>に感応して感知するこ

とができる。そして、動植物はもちろん、無生物とともにこの地球・宇宙で
生きていることを実感することができる。

　体験は、無意識に行われる生過程である。体験は、理屈・概念から離れた
世界である。そのためには、見聞したり、取り組んでいることに身を委ねな
ければならない。初めて触れるもの、初めて見るもの、初めて聴くもの、初
めて行うもの、これらの未知の世界との出会いはとても重要である。未知の
世界に自分の生命を開いてこそ、生命が共振し、さまざまに感じることがで
きる。

　子どもがありのままに感じるためには、大人が解説したり、教えたりし
て、大人の価値観を押しつけることは絶対に避けなければならない。体験は
人の数だけあるし、感じ方も人の数だけある。子どもなりの体験と感じ方が
保証されなければならない。

　子どもは自分で体験することもあるが、大人がさまざまな体験の機会を設
けなければならない。いつも家の中にばかりいて、テレビやゲーム漬けでは
困る。

　体験はたださせればよいのではない。体験は、内容と仕方が重要である。
体験内容は、自然に関わるものを重視したい。自然には海・川・湖・野山・
石・土・水・動物・植物などがあり、季節もある。動植物との出会いはもと
より、雨・雪・風・霧などとの出会いもある。自然は、刻々と変化する。同
じ場所でも違う表情を見せるし、感じ方に過去の体験が影響をもたらすこと
もあるので、同じ場所でも前の自然の姿とは異なるので違う感じ方をする。
自然の中で感じることや学ぶことは多い。

　自然体験は、散策・川遊び・木登り・魚取り・昆虫採集・花摘み・山菜採り・
動植物との出会い、空や天体や気象との出会いなど実にさまざまに考えられ
る。自然以外では、工作などの物づくり、粘土遊び・水遊び・運動遊びなど
の体験も考えられる。

　体験で大事なことは概念的に認識しないことであり、現実が指し示すまま
に認識することである。現実が指し示すままに認識することによって、指

示的思考がおのずと育まれる。体験の重要性は、生命ある人間が宇宙のリズムに呼応しながら森羅万象の 意(こころ) に開かれ、指示的思考が育まれることである。指示的思考及び概念的思考は、以下50-56頁参照。

（2） 概念的思考を克服する

　人間にとって、言語活動は重要である。話したり、書いたりして相手に伝えられることは多い。しかし、文字を覚えさせることに躍起になっている場合がある。文字を記号として教えると、覚える。難しい漢字を覚えたり、多くの漢字を書けるようになると、子どもも大人も喜ぶ。文字は概念であり、目に見えるので確かめやすい。豊かな言語活動になるためには、文字を機械的に覚えるよりも、体験や観得などを通して、言語活動の土壌・基盤を豊かにしていかなければならない。

　また、高い跳び箱を跳べるようになった保育園が話題になったことがある。跳び箱を跳ぶ技術も広い意味での概念である。高い跳び箱を跳ぶ技術を競うよりも、全身と対話しながら身体表現することのほうがはるかに重要である。なお、競争心もエゴイズムである。

　ピアジェの考え方でも、形式的操作が可能になるのは11歳以降とされる。早期の概念的な学習の重視は弊害こそあれ、何ら益にはならない。発達年齢に応じた、そのときどきに必要な体験が求められる。

　子どもの体験中に、大人が説明したりすることがある。例えば、野山に出かけたときに花の名前や特徴を教えることがある。名前や特徴は、概念である。概念はそのものの特徴を分析したもので、特徴の一部にすぎない。概念化された範囲では正しいかもしれないが、花が持っている生命性や多様な特徴や花が咲いている状況を決して表さない。花の名前や特徴を知ることよりも、自然の中で咲いている花そのものに共感的に感応・感知することのほうがはるかに重要である。

　概念はそのものの仕組みや仕掛けを部分的に明らかにすることができても、全体の姿を表すことはできない。概念は多様性や全体性を無視して、抽

象化してしまう宿命がある。

　花の名前・構造・特徴は抽象化された概念かつ一部であって、その場の花の生命性・多様性・全体を表さない。目の前にある花の生命、花が存在する周囲の自然そのものと共感的に対話することこそ意味がある。

　後述するが、観得力を育むのは「概念的思考」ではなく、「指示的思考」である。「概念的思考」と「指示的思考」を対比したのが、表3である。対比することによって、「概念的思考」「指示的思考」それぞれの特徴や、違いが分かると思っている。以下、表3を基に、「概念的的思考」を考えてみたい。

　概念化の最大の弊害は、全体から一部のみを取り出すことにある。その結果、刻々と変化する多様な全体性を失い、部分的・一面的・抽象的になる宿命を背負っている。概念的思考はありのままかつ共感的に現実を感受するのではなく、概念的に把握したり、自然科学的に仕掛けや仕組みを解明することが重視される。

　例えば、水の分子は「H_2O」で表すことができる。しかし、水の性質・役割には、寒暖、水蒸気から氷、生命維持などさまざまあるので、「H_2O」は水の性質・役割の一部を表すにすぎない。

　虹を「7色である」としたり、「光が水滴に反射・屈折する現象である」とするのも概念である。古今東西、虹の色は2〜7色とされ、ニュートン以来7色が定着したとされる。その結果、「虹は7色である」が一人歩きしている。グレーの空に、鮮やかでカラフルな色が一瞬弧状に表れるのは、神秘的である。そのときの虹によって、色相や彩度はまちまちだし、それも刻々と変化する。そもそも色に境目はない。刻々と変化する太陽・雲・風などによって、虹も刻々と変化する。目の前に現れている虹の不思議さに感動するかもしれないし、畏れすら抱くかもしれない。壮大な自然に自分が包まれていることを実感するかもしれない。

　「虹は7色である」や「虹は光が水滴に反射・屈折する現象である」は、概念そのものである。この概念が先行したとたんに、虹とのありのままの対

表3　指示的思考と概念的思考 [11]

指示的思考 （現実学的思考・象徴的思考）	概念的思考 （把握的思考・自然科学的思考）
変化する現実への共感が 指し示すままに認識する思考	現実から分離され、概念化された分だけ 認識可能になる思考
原初予見者的認識	思弁論理的認識
現実の形象の 意(こころ) をありのままに観得する	現実から物を把握し、 概念化・形式化・数値化する
時空的形象・現実学	非時空的形体（物）・自然科学
象徴語・意味	概念語／伝達語・概念
全ての感覚による対話 （五感・体性感覚・内臓感覚）	視覚優位・意識化優先
体験・感知化・連関	経験・対象化・関係づけ
捨我／無欲・無意識	執我／強欲（エゴイズム）・意識
非意図・過程重視	意図・結果重視
生命的・生命と結合／融合／協調 こころ・ビオス（生）	生命盲目的（理知的）・生命と分離／分裂／敵対 あたま・コロズ（論理）
現実的 事実・具象	非現実的（現実疎外・仮想現実） 虚構／捏(ねつ)造・抽象
自然・畏敬・リズム	自然征服・おごり（軽侮）・タクト
すがた・かたち	しかけ・しくみ
連続更新・変化・類似	遮断（一時・一瞬）・不変・同一／反復
遠感覚・目に見えないもの	近感覚・目に見えるもの
測定不可能・規定不可能・説明不可能	測定可能・規定可能・説明可能
一体化・統合・全体・多面的・複雑／多様	対象化・分析・部分・一面的・単純
感化・共感／情感・印象／記憶	教化・推進（意志）・回想
創造（文学・芸術・民話・神話・祝い事・祭祀）	知　識
クラーゲス	デカルト・ロック・カント・フッサール ヤスパース・ヘーゲル

話が遠ざけられる。

　花の観察と称して、花弁・おしべ・めしべ・葉などの色や形状、葉脈の特徴などを調べるのも、概念的思考である。概念的思考では花の姿や形ではなく、仕掛けや仕組みの解明に向かう宿命がある。そして、概念的思考は花と自分との生命的な対話を閉ざしてしまうのである。

　概念は現実から離れ、一人歩きする。現実は、言葉や概念で説明できないことが多い。概念化は可視化することでもあり、説明・規定・測定を可能にすることでもある。ということは、可視化できたものや説明・規定・測定が可能になったものしか認識できないことを意味する。概念化した分のみしか認識できないのである。つまり、概念化では、目に見えないものや説明・規定・測定が不可能なものは捉えることができない。

　このように、概念化は現実の一部よりも認識することができないので、概念化したとたんに現実から分離される。現実から分離されるということは、生命と生命の現実（いま・ここ）から分離され、虚構の世界になることを意味している。

　美術の展覧会の中には作品の外観や表面の特徴でカテゴリー分類したり、個々の作品を解説したりしている例がある。分類や解説は、言葉による概念化である。主催者は分類や解説によって、作品の全体性・多様性を切り捨てていることに気づいていないのである。非言語であるアートに言語を絡めすぎてはいけない。

　分類や解説は、鑑賞者に先入観を与えるだけである。鑑賞者が個々の作品とじっくり対話できる環境の設定にこそ最大のエネルギーを使わなければならない。分類や解説は作品の鑑賞に絶対不可欠なものではないので、主催者のエゴイズムにすぎない。

　特に、障がい者アートに関わる展覧会で、健常者による上から目線の分類や解説が散見されるのは憂慮される。これでは、障がい者や鑑賞者のための展覧会ではなく、障がい者の作品を借りた主催者の展覧会であるといわれてもしかたない。

　展示空間や展示方法も、作品をじっくり対話できるものでなければならない。展示空間や展示方法が目立ったり気になったりするのは、主催者のエゴイズムが優先した結果と考えなければならない。作品以外の存在が全て消え、作品と鑑賞者のみがそこに存在すると思えるような展示空間や展示方法を目指さなければならない。

　展覧会では、どのようなメッセージを発したいのかを相当吟味しなければならない。そして、設定したテーマに基づいた展示作品の選定も重要だが、それと同じくらい展示空間や展示方法も重要である。美術館の空間や設備・備品に作品を合わせるのではなく、作品に展示空間や展示方法を合わせなければならない。小さな作品ばかりなのに、作品に似合わない巨大な空間で展示されることも珍しくない。落ち着いてじっくり作品と対話できる空間でないことは、作品にとっても鑑賞者にとっても不幸である。作品の生命性がその空間に合っているかは分かりそうなものだが、思いがいかないのである。

　現代は建物の立派な美術館が多いが、作品とじっくりかつありのままに対話できる展示空間や展示方法に対する配慮が足りないと思われる。展示空間や展示方法に対する配慮の足りなさも、突き詰めればエゴイズムである。

　以上から、概念的思考を克服しなければ、心情が育まれないのは明らかである。大人になればなるほど先入観や固定観念という概念に毒されるので、先入観や固定概念を消し去ってありのままにかつ共感的に現実に開かれていくのは簡単ではない。

　しかし、子どもは大人ほどの先入観や固定観念に毒されていない。子どもが現実に触れるときに大人が概念による枠組みを作らなければ、子どもが指示的思考することは難しいことではない。子どもが指示的思考を育むことができるか否かは、ひとえに大人がその鍵を握っている。

（3）観得力を育む

　「観得力」育成の鍵を握るのは、「概念的思考」ではなく「指示的思考」である。「概念的思考」は、観得力の育成を妨げる。以下、「指示的思考」の重

要性を考えてみたい。なお、「指図」には命令的な意味があるが、「指示」にはない。「指示」は「指し示す」なので、「指示的思考」は現実が指し示すままに思考することである。「指示」を「指図」と誤解してはならない。

　指示的思考の特徴は、現実に対する共感が指し示すままに、ありのままに認識することである。概念的思考のように、多様な現実の全体から一部のみ取り出すことはない。概念によって、可視化したり、説明したり、測定するようなことはしない。目に見えないもの、説明できないもの、測定できないもの、規定できないものも含めて、感覚を動員しながらありのままに感応・感知（観得）して、認識するのが指示的思考である。以下、概念的思考で述べた例に照らして、その違いを考えてみたい。

　指示的思考では、水の分子が何からできているかは問題にしない。目の前の水の姿をありのままに感応・感知（観得）するのである。虹の場合も、「色の数」や「虹が発生する仕組み」などの解明をするのではなく、目の前で刻々と変化する神秘的な現象をまるごと感応・感知（観得）するのである。花の観察も、花の特徴などを調べるのではなく、自然の中でたたずむ花そのものをありのままに感応・感知（観得）するのである。

　概念である「虹は7色」「水は H_2O からできている」には、個人の感応・感知（観得）は反映されない。一方、指示的思考は他の人とは違う、その人ならではの感応・感知（観得）に基づく認識が可能になる。この認識が人間の生命の深層に刻み込まれていくことによって、その後のさまざまな判断の強力なベースになる。エゴイズム克服の重要な鍵を、指示的思考が握ることになる。

　子どもの指示的思考では、子どもの認識が大人からの借り物だったり、受け売りにならないようにしなければならない。単なる知識として概念的に理解するなら、決して指示的思考にはならない。

　入学試験の問題が、知識を問う問題に独占されていることに愕然とする。学校教育が知識それも識の習得に偏っているのは異常である。入学試験までの間、成績を少しでも上げるために概念的思考に浸らされることになる。多

くの知識を覚える呪縛から解放され、形象に共感する教育、指示的思考を育む教育に転換しなければ、子ども自身はもとより、人間社会及び地球に未来はない。

指示的思考になるためには、子どもなりの関わり方で、現実にじっくり関わらなければならない。子どもが現実とじっくり関わることができる環境を、大人がいかにつくることができるかにかかっている。少なくとも、大人の顔色をうかがうことがないようにしなければならない。子どもが自ら感応・感知（観得）することによってのみ、実感することができる。実感は体験知として、子ども自身の重要な栄養となる。

指示的思考と概念的思考は、真逆の思考である。概念的思考は特定の概念で切り取ってしまう宿命があるので、多様で変化する生命を捉えることはできない。よって、概念的思考は生命と敵対し、生命を支配・拘束する思考といえる。

一方の指示的思考は現実と一体となって、多様で刻々と変化する現実をありのままに受け入れるので、生命と結合・融合・協調する思考といえる。

現実にありのままに開かれるためには、生命や自然に対する畏敬心がなければならない。片や、概念的思考は自然に対するおごりがあるとともに自然を征服しようとする思考ともいえる。概念的に把握したり、自然科学的に仕掛けや仕組みの解明を重視する概念的思考と決別しなければ、多様で刻々と変化する現実をありのままかつ共感的に感受する指示的思考を育むことはできない。

以上から、現実をありのままかつ共感的に感応・感知（観得）する指示的思考によってのみ、「観得力」が育まれるのは明らかである。概念的思考は現実と引き離すが、指示的思考は現実とつながり続けることを可能にすることを忘れてはならない。

（4）　観得を豊かな形成につなげる

　人間は「精神」の闖入によって「心情」が目覚め、心情が「観得」と「形成」の性能を持つようになったことは既述のとおりである。「心情」を育むためには、「観得」を豊かにするとともに、「観得」を「形成」につなげることが重要となる。「形成」を、「表出」や「造形」という場合もある。

　ここでの「造形」は狭義の美術ではなく、心情が指し示すままに「観得」したものを目に見える形あるものに表出すること、形あるものに造ること、形に成すことである。つまり、「形成」である。「形成」には、言語（文学）、音楽、美術、工芸、身体表現などがある。芸術・文化である。芸術・文化は森羅万象の 意 が表出されたものなので、芸術・文化に触れる人の心情に響いて生を実感することができる。

　「観得」が豊かになって「精神」と協調すれば、豊かな芸術・文化が生まれる。ただし、芸術・文化の全てがよいわけではない。よく見せようとしたり、技巧に走ったりすると「精神」の執我が強くなるので、捨我の「観得」とはほど遠くなる。「精神」が「観得」と敵対すれば、芸術・文化は荒廃する。

　では、豊かな「形成」が生まれるためには「観得」をどのようにして「形成」につなげたらよいのだろうか。

　人間は現実に対して、共感が指し示すままに感応・感知（観得）すると、感応・感知（観得）したものを表出したい気持ちになる。表出することによって、感応・感知（観得）したことを確かめることができる。観得と形成は双極関係なので、相互の影響が期待できる。形成によって、観得が高まり、そして形成が更に高まることが期待できる。それだけ、形成は重要である。形成の機会をしっかり確保しなければならない。また、形成は材料・技術などの形成方法が絡むので、感応・感知（観得）のとおりに形成できることもあれば、それ以下やそれ以上のこともあり得る。

　形成が豊かなものになるためには、形成するための方法を考えなければならない。まず、言語（文学）、音楽、美術、工芸、身体表現などのどの領域

で、具体的にどのような内容で行うのかを考えなければならない。次に決めた内容に関わる技術をどのようにするかも考えなければならない。

　図画工作・美術の造形作品も心情の観得を表出したものであり、心情と一体となって行われるものである。心情の観得という生過程は、無意識に行われる。しかし、学校の授業では、事前に簡単な絵と言葉による構想を強いられることが多いようである。しかも、作品の完成後には言葉による自己評価が課されることも少なくないようである。構想の具体化も、事後の自己評価も意識化・概念化である。意識化・概念化は生過程の一部よりも反映されないので、意識化・概念化は、作品の生命とは相容れない。

　そもそも、生過程は無意識に行われるものなので、意識することは難しい。意識化・概念化を持ち込まずに、子どもの観得と形成に集中させなければならない。

　素材と取り組んでいる最中に、理屈を越えてひらめき、変容していくのは常である。予想したとおりつくることが、アートだとは思わない。事前に構想という名の設計図をつくってしまうと、設計図に規制されてとらわれる恐れがある。同じ規格のものを大量に生産する工業製品なら、設計図は必要である。しかし、子どもの造形作品は工業製品ではない。

　ピカソでも棟方志功でも、設計図や自己評価を作品ごとに課していたとは到底思えない。むしろ、意識や概念を遠ざけて、自分の生命が発する心に耳を傾けていたのではないだろうか。意識や概念を遠ざけた生命性の中にしか、自由な形成はないのではないだろうか。

　本来、子どもが自分の生命が発する心情と対話しながら自由に行われるべき図画工作・美術に、構想（設計図）や自己評価（作品完成後）という意識化・概念化が持ち込まれていることは危惧される。しかも、構想（設計図）や自己評価（作品完成後）を子どもに課している教師にその問題意識のないことが更なる悲劇である。

　大人は自分で考えた方法で形成できるが、子どもの場合は簡単ではない。子どもが、何を感応・感知（観得）したかは目に見えない内面の世界であ

る。そのような状況の中で、どのような形成方法を準備してあげればよいか
を大人は考えなければならない。

　幸い、子どもの発達年齢に応じた身体・運動能力の発達がある程度分かっ
てきている。子どもの身体・運動能力の発達に照らすと、どのような素材や
道具を扱うことができるかを予測することが可能である。また、さまざまな
研究から、効果的な形成方法も明らかになってきている。大人が有効と判断
した材料などを準備するとともに、子どもの反応や興味・関心にも配慮しな
がら、形成方法を柔軟に考えなければならない。

　いずれにしても、子どもが形成するための環境をどれだけ大人が提供でき
るかにかかっている。形成の環境を整える場合に重要なことは、子ども本人
が感応・感知（観得）したものをありのままに形成できる環境をできるだけ
整えることである。

　その際、大人の都合や事情を封印し、子どもの都合や事情を優先して、さ
まざまな豊かな体験が日頃からできるようにしなければならない。せっかく
環境を整えても、子どもが感応・感知（観得）したものをゆがめてはならな
い。大人の支援は必要だが、介入・強制にならないようにしなければならな
い。

　子ども主体の形成になるための在り方は、次項の「主体性を育む」で具体
的に触れたい。

2　主体性を育む

　主体性の重要性を否定する人はいない。しかし、真の主体性を育むことは
簡単ではない。今の時代、大人が子どもを縛り付けたり脅かしたりして強制
的にやらせることは考えられない。しかし、子どもが主体的かつ活発に活動
しているように見えても、課題のある活動が少なくないのも事実である。

　主体的な活動になっているか否かを、表面的な活動の姿から判断してはな
らない。いくら活発に取り組んでいても、大人からやらされる活動や幼少期

から概念的思考を育む活動を重視するのは意味がない。

　例えば、幼少期から、ひたすら漢字の書き方を覚える活動は再考を要する。子どもが主体性を発揮しながら育まなければならないのは、ひたすら漢字の書き方を覚える概念的思考ではなく指示的思考である。

　概念的思考を全て否定しているのではない。概念的思考が可能になる年齢であれば、概念的思考も意味がないわけではない。しかし、SDGs が問題にならざるを得ない現状、その背景にあるエゴイズムを考えると、指示的思考を育まなければ人間社会のみならず地球に未来はない。指示的思考を育むためには、子ども自身の主体的な感応・感知による観得と形成を豊かにしなければならない。この過程でこそ、子どもの主体的な認識が形成される。ではどのようにすれば指示的思考を育む主体性が子どもに育まれるのだろうかを考えてみたい。

　主体性を育むことを簡単に言えば、子ども自身の感じ方や考え方を尊重して育むことである。主体性とは「判断の自主性」であり、そのうえで自分の心情と心情に基づく思考を大切にすることでもある。

　自分の心情・思考を無理に曲げて、支配的な意見に合わせたり、権力を持っている人や大人に忖度して従ったとたんに、自分の人生を他人に委ねることになる。

　かけがえのない人生を送るためには、エゴイズムと決別するとともに、自分の心情・思考に忠実でなければならない。主体性は、自分の人生に決定的な役割を演じることを忘れてはならない。

（1）　活動内容が鍵を握る

　子どもが大人からやらされる活動、幼少期からの漢字の習得を重視する活動、順位や点数を競う活動などでは、いくら主体的に活動しているように見えても真の主体性を育むことにならないことは述べたとおりである。では、どのような内容の活動がよいのだろうか。

　それは、「子どもが自分の感応・感知を主体的に発揮できる内容」「子ども

の判断の自主性が尊重される活動」「子どもの心情を揺さぶる内容」である。別の言い方をすれば、大人からの規制・制限が少なく、子どもの心情を揺さぶり、子どもの主体的な働きに対する可塑性が高い活動である。

　可塑性が高いということは、活動内容に柔軟性・多様性・発展性があるということである。また、失敗が許されない活動はよくない。「何か違うな」と感じたときに、やり直しができる活動でなければならない。そのためには、活動するときに材料が少ないのはよくない。豊富に用意すべきである。砂場で砂遊びをするときに、砂が足りないという体験はあまりないはずである。

　さらに、手ごたえも重要である。適度の抵抗感も必要だし、道具の使用も有効である。手ごたえを実感するためには、過程や結果の分かりやすいものが望ましい。そのうえで、子ども自身が主体的に判断する場面が豊富に含まれる活動でなければならない。大人の指図どおりに活動されるのは論外である。子どもの判断に任せる場面が多くなければならない。大人の支援を受ける場合も、自分で感じ、自分で考え、自分で判断する場面が確保される活動でなければならない。

　他人から触発されることもあるので、集団での活動も重要である。仲間や大人による集団には、自分の活動を他人に見られる「見物効果」、他人といっしょに活動する「共動作効果」、他人の活動を観察する「観察効果」、大人が子どもの活動に期待する「ピグマリオン効果」、他人から認められる「承認効果」などがあるとされる。

　具体的に考えられる子どもの活動内容は、海・川・野山などでの遊び、感触・感覚遊びなどである。感触・感覚遊びとしては、シンプルで懐の深い素材（水・砂・粘土遊び、お絵かき遊びなど）が考えられる。そのほかには、さまざまな工作、さまざまな動物との触れ合い、地域などの行事への参加、仲間との関わりなども考えられる。

　表4は特別支援学校（知的）の中学部・高等部の作業学習・生活単元学習などを想定した「題材の条件」である。「題材の条件」とは、活動内容を考えるために重視したい観点である。ここに掲げた観点・内容の説明は割愛す

表4　題材の条件 [12]

No.	観　　点	内　　容
1	適度な難しさ （発達の最近接領域）	① 現在の能力で簡単にできる内容ではない。 ② 教師や集団の支援があれば解決できる。
2	失敗の許容（判断の尊重） 過程・結果の明快性	① 経過や結果が明快である。 ② やり直しが容易である。 ③ 繰り返し行うことができる。 ④ 原因がある程度考えられる。 ⑤ 試行錯誤が可能である。 ⑥ 見通しが持てる。
3	発展性・多様性	① 易 → 難、少 → 多、小 → 大、粗 → 細、単純 → 複雑 　などの過程・段階・種類がある。 ② 工夫の余地がある。 ③ 発想が生かされる。 ④ 道具を使用する（道具の難易度、種類など）。
4	手ごたえ	① 材料（素材）に適度の、抵抗感、めりはり、大きさ、 　重さ、柔軟性などがある。 ② 働きかけに応じる。 ③ 道具を使用する（道具の操作性）。 ④ 動作（全身、手腕、手指、足など）を伴う。 ⑤ 小さな力から大きな力まで対応できる。
5	主体的活動場面 課題解決場面	① 任せる場面、判断を求める場面、やらざるを得ない 　状況などが確保される。 ② 支援を受けながら、自分で考え、判断し、工夫でき 　る内容が多く含まれる。 ③ 単純なことを繰り返す内容が含まれない。 ④ 指示されたことを、指示どおりに展開する内容では 　ない。
6	人とのかかわりと表現 （共同性とコミュニケーション）	① 相談・協力・報告・質問・発表など、表現する場が 　多く設定できる。
7	複雑な扱いへの対応 正確さの不問	① 落としたり、投げたりしても壊れない。 ② 誤差が許容される。
8	成就感・責任感	① 一人で責任を持って行う内容が多く含まれる。
9	活動量の保証	① やり方の説明にあまり時間を要しない。 ② 待つ時間が少ない。 ③ 入手が容易で、身近な素材である。 ④ 要求に応じられる内容（量）がある。
10	興味・関心及び実態への対応	① 生活に密着している。 ② 経験したことがある。 ③ 発達段階や個人差・能力差（段階的な指導）に合っ 　ている。

るが、保育園・幼稚園・学校はもちろん、家庭でも大切だと思っている。

（2）子どもの心情に寄り添う

　子どもの心情に寄り添うことは、案外難しい。大人の価値観・固定観念が
じゃまするからである。子どもの心情に寄り添っていると自認している大人
でも、客観的に見ると必ずしもそうとはいえない例が少なくない。

　子どもにじゃましないようにと、自由にしている場合もある。自由な活動
は保証しなければならないが、放任はよくない。子どもが活動しているとき
に、見守るべきときなのか、それともそのときにふさわしい支援が必要なの
かを見極めなければならない。

　子どもが粘土遊びをしている場合は、活動の様子によっては新たな道具を
置いておくことも有効である。子どもが道具を見つけて、粘土遊びを発展さ
せていくことがあるからである。

　幼児の造形教育に関わる拙書（『心おどる造形活動 ― 幼稚園・保育園の保
育者に求められるもの ― 』、大学教育出版、2016）では、子どもの心に寄
り添うために必要な大人の姿勢として10項目挙げた。その10項目は、表5
のとおりである。この10項目のポイントは、「大人の考えを優先しない」「共
感的な関わりを通して子どもの心情に傾聴する」の2点にまとめることがで

表5　子どもの心情に寄り添うための大人の姿勢 [13]

① 保育者の先入観・固定観念の消去。
② 子どもと保育者の世界観・価値観が異なることの自覚。
③ 子どもと保育者が絶対平等者であることの自覚。
④ 子どもの話、子どもの生命への傾聴。
⑤ 共感的・感動的・肯定的な関わり。
⑥ 笑顔による自然な語りかけ。
⑦ 保育者の気持ちの伝達と子どもの気持ちの引き出し。
⑧ 子どもの長所・可能性の把握。
⑨ 子どもの問題を他人事でなく、自分の切実な問題として自覚。
⑩ 保育者の都合よりも、子どもの都合を優先。

きる。

「大人の考えを優先しない」と「共感的な関わりを通して子どもの心情に傾聴する」は本質的に同じなので、「大人の考えを優先しないで、共感的な関わりを通して子どもの心情に傾聴する。」に集約することができる。

子ども・大人に関係なく、人間は対等であり、個性・感受性がそれぞれ異なることは理解しているはずであるし、理解しなければならない。しかし、子どもや障がい者に関わるときに、ややもすると大人の考えを優先する上から目線になりがちである。

大人が自分の考えを優先すると、子どもよりも自分の考えが正しいと勘違いする。その結果、子どもの行動に対して「そうじゃないでしょ」「そうじゃなくてこうやるのよ」になり、いちいち子どもの行動を否定して修正することになる。これを行動修正主義と呼びたい。

行動修正主義では、説明・指図・指示・命令・注意・禁止・補助・介助が多くなる宿命がある。行動をいちいち修正される子どもはたまったものでない。これでは、子どもに寄り添うことはできない。無論、必要な説明・補助・介助などはある。

子どもは大人からいわれると、受け入れて従う。これは、何を意味するのだろうか。子どもの主体性、子どもの心情、子どもなりに感応・感知（観得）したものの否定である。これでは、子どもの主体性・心情（観得力）・判断力が育たない。エゴイズムが芽生えて育つ土壌を、せっせと用意していることになる。大人が自分の考えに縛られるのは、自我・精神が執我の状態である。子どもと寄り添うためには、大人が自分の考えに縛られない捨我の状態でなければならない。

人間は一人一人、感応・感知（観得）・考え方・能力・性格・行動や表出・形成の仕方などが異なる。まして、発達途上の子どもと大人は大きく異なる。よって、子どもが大人の期待どおりに活動することも、大人の期待どおりに子どもに活動させることも止めなければならない。

子どもに寄り添うとは、子どもの生命から発する行動の全てを認め、共感

的に見守ることである。共感的な見守りとは、子どもの生命・心情の躍動にわくわくすることである。子どもに寄り添うとは、子どもを管理・監督することでもなければ、子どもに必要以上に密着することでもない。子どもに対する大人の関わり方が問われている。

　クラーゲスは、大人（教師）の手本性として、知恵の他に「誠実・勇気・節度」を挙げている（88頁参照）。この「誠実・勇気・節度」は、前述の10項目を貫くとともに、子どもに寄り添う大人の姿勢に欠かせない。

（3）　自己決定・試行錯誤を保証する

　そもそも自分の活動を完全に予想することはできない。活動の結果に無関心な場合もある。結果に関心ある場合は、結果に満足する場合もあればしない場合もある。活動は完全には予想できないので、予想外のいろいろなことが起こり得る。いろいろ起こることも含めて過程である。

　「失敗」という言葉は、再考を要すると思っている。結果に満足しないからといって、それは失敗ではない。途中でうまくいかない場合も、失敗ではない。結果に満足しないことも、途中でうまくいかない場合も含めて一つのトータルな活動である。

　夢中になって活動することが重要である。夢中になって活動することは子どもが自分の心情と対話しながら、絶えず自己決定していることになる。「あれ、こうかな」「こうやってみたらどうかな」「ちょっと違うな」なども、活動の一環である。「試行錯誤」ではなく「試行」という言葉がふさわしいのかもしれない。

　大人が考えた活動に子どもを部分的に参加させると、せっかくの自己決定の機会を奪うことになる。そして、子どもが大人に「させられる活動」になる。

　例えば、魚を作るときにあらかじめ大人が魚の形に切った紙を子どもに渡して、大人が用意した描画材料で着色させた実践がある。この活動では、魚の種類や形も大人によって決められているので、子どもは自分の心情を表出

することができない。子どもは大人に指図されながら、色だけは自由に選んで着色する。色も塗り方も個人差がでる。この個人差を個性の発揮とはいわない。個性とは、その子どもがイメージしている魚の形・色を、子どもなりのやり方で描いて表出した場合に発揮される。

　子どもが自己決定できるためには、子どもの感応・感知（観得）や判断を尊重することである。そのためには、「子どもに任せる場面」や「子どもが判断する場面」をできるだけ多くしなければならない。そして、子どもの活動の過程・結果を共感して受容しなければならない。

　この際、大人の判断で子どもが自己決定する場面を制約してはならない。子どもの活動にお膳立ては必要だが、それはあくまでも子どもの自己決定が確かなものになるためでなければならない。

　砂遊びを考えてみたい。子どもは、自由に砂遊びを楽しむことが多い。砂遊びの動作の一つ一つが自己決定である。砂遊びは100％子どもの主体的な活動のように見えるが、「どこに、どのような砂場を用意するか」「どこの砂場で遊ばせるか」「水や道具の準備をどうするか」「時間をどれくらいにするか」などは、子どもが自己決定しながら砂遊びを楽しむための環境設定である。この環境設定は、大人が主導して行わなければならない。

　一方、子どもが自己決定できそうな内容なのに、大人ができないと判断してしまうことも少なくない。

　鯉のぼりを描くとき、大人が大きな紙に鯉の形を描いたうえに、鱗（うろこ）の形に切った紙を子どもに渡して色を塗らせていた実践がある。塗った鱗の貼る場所も指図されていた。大きな鯉のぼりが完成したので、企画した大人は大満足だったにちがいない。

　鯉のぼりを描く活動における子どもの自己決定場面は、鱗に塗る色を選んだことと塗り方のみである。なぜ、鯉や鯉のぼりに対する子どもの思いを引き出して、鯉を子どもに自由に描かせなかったのか。なぜ、鱗の形を自由に描かせなかったのか。なぜ、鱗を自由に貼らせなかったのか。これらに大いなる疑問が残った。この活動では、子どもが主体的に自己決定できたはずの

「鯉を描く」「鱗を描く」「鱗を貼る」などの活動を、大人が奪ったことになる。かつ、子どもの自己決定場面を奪ったことも問題だが、大人がそのことを気づいていないことがもっと問題である。

　子どもの活動では、自己決定が豊富に含まれる活動をさまざまに準備しなければならない。その環境は、大人が整えて提供しなければならない。そのために、大人が主として行う内容と、子どもが主体的に行う内容を事前に吟味しなければならない。

　また、子どもは活動に夢中になると、いろいろやってみたくなる。試行である。どんどん活動が広がっていく。大人が用意した材料が足りなくなったり、大人が予定した活動時間で終わらないことも珍しくない。

　大人の活動であれば、大人が用意した材料で、大人が考えたやり方で、大人が設定した時間内に終わればよい。しかし、活動は大人が考えて用意するにしても、大人のためではなく子どものためである。ならば、子どもの活動に合わせなければならない。材料を余分に用意しておけばよいし、時間も延長すればよいだけである。

　家庭でも、保育園・幼稚園・学校などでも、子どものスケジュールを大人が設定する。スケジュールの設定は必要である。そのスケジュールを、弾力的に運用すればよいだけである。保育園・幼稚園・学校などの組織では、子どもの都合に合わせて日課表を運用することよりも、残念ながら、大人の都合を優先して日課表どおりに運用することが多い。

（4）　成就感を体感する

　大人は誰しも、子どもに成就感をたくさん体感してほしいと願っている。しかし、真の成就感を得られるかは、前述の「活動の内容」「子どもへの寄り添い方（支援方法）」「自己決定場面」などにも大きく左右される。後述の「する活動」や「大人の価値観を押しつけない」ことも重要となる。これらに配慮したうえで、拙書では成就感を体感するために、以下の5項目挙げた[14]。成就感は、達成感・充実感・満足感・自己肯定感であり、手ご

たえである。

　ここに挙げた５つは、「子どもの心情を揺さぶる体験と形成」「すぐにでき
る簡単なことでもなく、いくらがんばってもできないことでもなく、適度の
難しさある内容」「仲間や大人から認められる」の３つにまとめることがで
きる。

　無論、大人がお膳立てしたものに子どもが手伝わされる内容では子どもが
成就感を体感することができないので、子どもが夢中になって一人で行う内
容が多く含まれていなければならない。当然、子どもの発達レベルや個性な
どにも違いがあるので、具体的な内容は差異が生じる。

> ① 発見・驚き・喜怒哀楽に満ちた充実感のある生活の保証。
> ② 発見や驚き、できなかったことができる体験の保証。
> ③ 発達の最近接領域（適度な難しさ）の重視。
> ④ 持っている能力の最大限の発揮。
> ⑤ 子どもの存在感（みんなから認められる）を最大限に保証。

　ある保育園で、子どもたちのしなやかかつ俊敏で、躍動感にあふれる身体
運動に感動したことがある。子どもの内からにじみ出る身体の美しさ、身体
と心情が調和して一体になっている美しさ、充実した表情が今でも忘れられ
ない。

　一方、保育園・幼稚園・小学校・中学校で、大人が振り付けた動きを表面
的になぞっているだけの身体運動に失望することが少なくなかった。しなや
かさ・俊敏さ・躍動感・美しさはもちろん、成就感も伝わってこなかった。
大人が振り付けたとおりに手足を動かすことから決別しなければ、成就感も
何もない。子どもが自分の身体と対話しながら、自分でも驚くような身体の
動きが引き出されてこそ、成就感を実感できる。

　また、勝つことを至上命令としているスポーツの練習や試合に失望したこ
とも少なくない。勝つために大人が指図した練習を、子どもが鍛錬的にやら
されるのである。試合で勝てば、序列感情というエゴイズムは満足させられ
るかもしれないが、自分と対話しながら主体的に行う練習とはほど遠い「や

らされる練習」からは決して成就感は生まれない。

（5）「させる・させられる活動」ではなく「する活動」を推進する

　子どもを自分よりも劣る存在と考える大人は自分の考えが正しいと考えるので、自分の考えを優先する。その結果、大人が考える活動に子どもを縛る「させる・させられる活動」になりがちである。「教育」という言葉が「教えて育てる」意味であることから分かるように、家庭・保育園・幼稚園・学校などでも「教える」ことをあたりまえに考え、「させる・させられる活動」が今でも支配的である。

　文部科学省が「主体的な学び」の重要性を訴えて学習指導要領まで改訂しているのに、教育現場では、「教師が子どもにさせる学習」「子どもが教師にさせられる学習」である「させる・させられる活動」から、子どもが主体的に学ぶ学習である「する活動」に転換した実感はない。

　「させる・させられる活動」の最大の問題は、子どもの主体性が損なわれることにある。主体性が発揮されないということは、子どもの感受性・思い・考えの基盤となる「心情」の観得力と、その発露である形成力が育まれないことになる。エゴイズム克服の鍵を握る「心情」が育まれないことは、SDGs の達成をますます困難にするどころか、人間社会や地球環境をますます悪化させるだけである。

　教師が覚えてほしい知識（なかでも識）を子どもに確実に覚えさせるなら、「させる・させられる活動」が有効であろう。しかし、教育は識を多く覚えさせることではない。教育は、教育の目的である「人格づくり」を基盤にしながら、そのうえに各教科・領域に応じた知と識を子どもの主体性を尊重しながら、子どもと教師が共同で学びを創造していくものである。

　表6は、「させる・させられる活動」と「する活動」活動を対比したものである。子どもに主体性を育むためには、「する活動」でなければならないのはいうまでもない。

　「させる・させられる活動」は、教師が子どもに教えたいことを教師が考

表6 「させる・させられる活動」と「する活動」[15]

させる・させられる活動	する活動
教師主体 ・教師が子どもに活動「させる」授業。子どもが教師に活動「させられる」授業。 ・教師の世界。子どもを借りた教師の授業。教師独りよがりの授業。 ・結果重視。	子ども主体・子ども主体と教師主体 ・子どもが主体的に活動「する」授業。 ・子どもの世界。子どもの主体性が発揮された、子どもと教師共同の授業。 ・過程重視。
教師主体の活動 　教師の授業構想を手がかりに、教師が子どもとやりとりしながら授業が進められるが、教師の考えが優先するため、子どもの行動は修正され、教師の指示や命令によって、教師が考える枠にはめられていく授業。 ・教師が把握した事実にとらわれる。 ・一定のことを教えたり、体験させるだけの授業。 ・授業が比較的スムーズに展開する。 ・結果や課題解決が目的化するため、分かったことやできたことが重視される。 ・教師対子ども全員による一斉授業になるため、子どもどうしの関わりが少ない。 ・失敗が許容されにくく、失敗しないための手だてが講じられるため、試行錯誤の過程があまり保証されない。 ・目に見える結果が優先し、指示や命令が多く、子どもを支配する授業。 ・結果を急ぐため、子どもを急かし、待てない。 ・自分であまり考えず、教師から指示されたことに、それなりに取り組む。 ・指示されたことを、自分の力の範囲でこなす。 ・個性があまり発揮されない。 ・工夫や発見や驚きが少ない。 ・知識や技能やスキルの習得。 ・できないことが一見できるようになる。 ・成就感や達成感や自己肯定感が少ない。 ・頭で理解する。	子ども主体／子ども・教師共同の活動 　教師の授業構想を手がかりに、子どもが教師や仲間とやりとりしながら、子ども主体の学びが深められ、教師も子どもも予想できなかった高みに登りつめる授業。 ・現実をありのままに尊重する。 ・子ども内部の宝が掘り起こされる授業。 ・教師のプランどおりには展開しにくい。 ・結果よりも、分かることやできることの過程が重視される。 ・子どもどうしの関わりが豊かである。 ・失敗が許容され、試行錯誤の過程がじゅうぶんに保証される。 ・主体的な学びを引き出すための最小限の支援。目に見えない内面が重視される。 ・過程を重視し、子どもに寄り添いながら、じっくり待つ。 ・自分で考え、判断して行動する。活動に集中し、夢中になって取り組む。 ・自分の力が最大限に発揮され、発達の最近接領域に到達する。 ・子どもの多様な個性が発揮される。 ・工夫や発見や驚きがある。 ・思考力や判断力や表現力の修得。 ・分かるため、できないことができるようになる。 ・成就感や達成感や自己肯定感がある。 ・心で理解する。

えた方法で子どもに覚えさせ、学ばせる活動である。一方、「する活動」は子ども主体の学びが深まるための内容・支援・環境を教師が徹底的に考え、教師が子どもに学んでほしいことを子どもが学びたいことに転化する活動である。「する活動」は、子どもに任せっぱなしにする活動ではない。「する活動」は、教師と子どもが共同で創る営みである。

　「する活動」は、教師も主体であり、子どもも主体である。教師と子どもの両主体によって学びのドラマを創り、教師も子どもも予想できなかった高みに登りつめる活動を目指して行われる。

　「させる・させられる活動」では結果（点数）が重視されるが、「する活動」では過程が重視される。子どもに蔵されている宝を丁寧に掘り起こすために、過程が重視されるのは必然である。

　表6の「させる・させられる活動」と「する活動」を比較すると、子どもの主体性は「する活動」によってのみ育まれるのは明らかであろう。

　大人は、「させる・させられる活動」を克服し、「する活動」があたりまえに行われるようにしなければならない。「する活動」があたりまえになるためには、大人が「心情」を育むことの意義、「心情」の「観得力」と「形成力」を育むことの重要性を実感していなければならない。大人が自分の教育観を変えるレベルでは、実感することはできない。教育観を支える人間観が変わらなければ実感することは不可能である。

　子どもの主体性を育むために、大人の人間観が問われている。人間観を支えている人間の「精神」の働きをどのように認識しているか、「精神」と「生命および心情」の関係をどのように認識しているか、精神の「執我」および「捨我」の働きをどのように認識しているかが問われている。

（6）　目標・目的を高くしない

　目標・目的を設定したり、それも高い目標・目的を設定することに異論がある人は極めて少ないと思われる。目標や目的を持つことを否定しているのではない。あこがれを抱くこともあるし、○○のようになりたい、○○を

したい、○○ができるようになりたいなどを願うことは大いにあることである。

　希望や願いを持つことは悪いことではない。しかし、子どもの目標・目的はややもすると、知識習得などの認知能力、学習成績（点数、順位）、スポーツ・芸術の順位、進学先（偏差値）、勉強時間などになりがちである。具体的な内容は、「○○ができる」「○○が分かる」「○○に合格する」「○○番になる」「○○賞を取る」「○○点とる」「○○時間勉強する」などのように、結果としての目に見える概念的な到達点になることが多い。到達点を表すなら、目標ではなく目的ではないのか。また、目標・目的を強く意識すると目標・目的にとらわれることになる。これらの目標・目的は、成果渇望というエゴイズムそのものである。

　そして、成果を得るためにこの概念的な目標・目的を、意志を強くして達成しようとする。しかも、効率よく、速く、簡単に達成しようとする意志が働きがちである。「睡眠時間を削ってまでも長い勉強時間を確保する」「極度の疲労を伴う運動の長い練習時間を確保する」など、自分を追い込んでまで無理な計画を立てることが多い。

　子どもの場合は、目標・目的を達成させるために大人が子どもに指図したり、叱咤激励したり、時には語調を強めたり、叱ったりすることもある。大人が子どもに圧力をかければかけるほど、子どもの主体性は損なわれる。その結果、子どもの生命は悲鳴をあげる。生命の危機的状況である。「睡眠時間を削ってまでも長い勉強時間を確保する」「極度の疲労を伴う運動の長い練習時間を確保する」は我欲であり執我である。

　概念も意志も、精神の執我の働きである。人間には肉体と心情から成る生命はあるが、精神に生命性はないので、精神は人間の生命と異質である。生命は自然なのでありのままだが、精神は意志によってありのままの生命をを壊す働きを持っている。

　執我はエゴイズムと結びついて、生命に無理を強いることが多い。育むべき主体性は、生命と協調する主体性である。執我と結びついた目標・目的は、

本来育むべき主体性を損なうだけである。執我としての精神の意志から発する目標・目的は、生命を脅かすことを忘れてはならない。

　主体性は子ども自身の生命（心情と肉体）と対話・共存しながら、子ども自身の感じ方や考えを育むことでもあるので、生命と抗争・敵対する執我では決して主体性は育まれない。

　目標・目的には、執我と強く結び付いた「無理しても到達する」「無理に引き上げる」などのイメージがつきまといがちである。目標・目的は持ってもよいが、生命に無理のないものでなければならない。また、精神が生命に従属する捨我に関わる「真理渇望・情熱・認識に関わるもの」「観得・形成に関わるもの」「愛・誠実・忠実・敬意・信頼・情熱などの非認知能力に関わるもの」などがもっと重視されるべきである。これらは、精神と生命が調和してこそ育まれる。人格づくりに知識や成績はいっさい関係ない。人格も、精神と生命が調和してこそつくられる。

　目標・目的を目指す場合は、競ったりするのではなく、自然かつ生命に無理のないようにしなければならない。目標・目的は非生命である精神の意志ではなく、生命が発する心・心情及び肉体に導かれるものでなければならない。

　「目標・目的」という言葉には、意志を働かせてそこを目指すイメージがあるあるので、意志のニュアンスを感じさせない「願い」や「希望」などの言葉がふさわしいのかもしれない。

　学習指導案などで使われる「目標」の内容は、概念的な結果よりも、集中し、わくわくしながら、試行しながら取り組む心情を表すもの、心情を育むものが望ましい。学習指導案に目標を書く場合は、意識することが可能で、かつその一面を表すにすぎない概念的な到達点ではなく、多様な心情及び心情を育む過程に焦点を当てたものにすることによって子どもの学びが見直され、学びの質の高まりが期待できる。概念は、対象化した範囲でしか捉えることができない宿命があることを自覚しなければならない。

　子どもの学習では、「目に見えるもの」はもちろん、「目に見えないもの」

も重視しなければならないとされる。これは一見正論のように見える。「目に見えるもの」および「目に見えないもの」は、視覚的に映っているかどうかではないはずである。

「目に見えるもの」は教師が認識できるもの、「目に見えないもの」は教師が認識できないもの、と考えなければならない。そして、「目に見えるもの」は教師が意識化・概念化できたもの、「目に見えないもの」は教師が意識化・概念化できないものといえる。

「目に見えるもの」は教師が意識化・概念化できたものとしたが、当然、意識化・概念化の内容は教師によって異なる。「目に見えないもの」は教師の精神が執我であれば概念的にしか認識することはできないが、捨我の状態であれば観得によってありのままに認識することが可能になる。以上から、教師によって認識できるものと認識できないものに大きな差異が生じることになる。

そもそも、「目に見えるもの」と「目に見えないもの」を分けること自体がおかしい。子どもの活動の場合、教師から「目に見えるもの」と「目に見えないもの」は、一体である。分ける場合は何を基準にするのだろうか。刻々と変化する子どもの生命を、「目に見えるもの」と「目に見えないもの」に分けることはできない。よって、「目に見えるもの」「目に見えないもの」の言い方そのものがよいとは思わない。

教師の目の前で活動している子どもの姿は、教師に見えている。そこで、目の前で展開されている子どもの活動の本質をどのように認識すればよいのだろうか。概念的思考では、子どもの活動・心情の一面しか捉（とら）ることができないことは繰り返し言及してきた。よって、教師が「目に見えるもの」と「目に見えないもの」が一体になっている子どもの活動の全体像を、概念的思考で捉えることは不可能である。

ジグソーパズルにたとえると、概念的思考による教師の捉え方は教師の数だけあったとしても、それぞれピースの一片にしかならない。ジグソーパズルにとってその一片は必要不可欠なものなので、ピース一片に限れば間違い

ではない。しかし、目に見えるものを意識的・概念的に見ようとする概念的思考では、ジグソーパズルの全体像をイメージすることができない。

　ではどのようにすれば、全体像に迫ることができるのだろうか。それは、教師の精神が捨我の状態にあって、無意識に教師の内面から湧き上がる指示的思考に待たなければならない。指示的思考は54-56頁で言及したが、一部再掲する。

> 　　指示的思考の特徴は、現実に対する共感が指し示すままに、ありのままに認識することである。概念的思考のように、多様な現実の全体から一部のみ取り出すことはない。概念によって、可視化したり、説明したり、測定するようなことはしない。目に見えないもの、説明できないもの、測定できないもの、規定できないものも含めて、感覚を動員しながらありのままに感応・感知（観得）して認識するのが指示的思考である。

　子どもが書いたり、描いたり、話したり、つくったりするものは心情が形成されたものなので、認識することができる。概念的思考は、子どもの心情が形成されたものだけで認識してしまうリスクがある。概念的思考は、心情の機能である「観得―形成」から、「形成」の一面だけを取り出すことになるからである。

　教師が子どもの活動・心情の全体像に迫るためには、子ども自身の形成の基になっている意識化・概念化できない心情の受容面である観得も欠かせない。そこで、教師は刻々と変化する子ども生過程に対して、観得と形成が一体になっている子どもの心情に対する教師の共感が、ありのままに指し示すままに思考する指示的思考によってしか子どもの活動の 意（こころ）に肉薄することができない。

　教師に突きつけられているのは、教師の思考方法である。概念的思考に蝕まれている現状の教育では、子どもの学びの全体像に迫ることに懐疑的である。

　学びそのものは生過程である。生過程と概念化は異質なものである。学び

は意識化・概念化・対象化できるものも大事だが、それ以上に意識化・概念化・対象化できないもののほうが重要ではないのか。概念では、生過程の一部よりも捉えることができない。概念的思考を克服して、子どもの学び及び過程の 意（こころ） に教師の思考を開いていく「指示的思考」でなければならない。

　学習指導案の目標が概念的な結果（到達点）を表すなら、目標ではなく、むしろ目的といえる。ちなみに、目的は「最終的に目指す事柄・到達点」、目標は「目的を達成するための具体的な指標・目当て・手段」とされる。企業を例にすれば、目的が「日本一」、目標が「国内のシェア40％」などとなる。「日本一」も「国内のシェア40％」も目指すことなので、目標と目的を混同しやすい。

　筆者も学校勤務時代に定められた様式に添って学習指導案を書いたが、「目的」の項目はなかった。本来であれば、「目的」と「目標」の両方を書くべきである。「目的」には「目指す学びの姿」を、「目標」には「目指す学びの姿を実現するための具体的な目当て」を書くべきである。例えば、土粘土遊びの場合は目的を「粘土遊びを楽しむ」旨とし、目標には「子どもが夢中になって楽しむため具体的な姿」を書くのである。

　概念的な結果（到達点）である目的を目標に記入している例が、少なからず散見される。目標・目的には、子どもの主体的な学びの姿を書かなければならない。そして、子どもの主体的な学びや心情を育む過程こそ最重要である。

　いずれにしても、結果としての概念的な到達点に偏った現状の目標の見直しが必要である。「目的」の導入の検討、「目的」および「目標」の内容の在り方、教師の思考の在り方が問われる。なぜなら、子どもの主体性及び学びの質に直結するからである。

3　畏敬心・敬虔心を育む

　自然破壊の元凶は、人間の「獲得欲・私欲」というエゴイズムである。ここには、人間が地球に生かされているという発想もなければ、地球上の動植物・無生物が対等で共存しているという発想もない。人間が他を支配・略奪するというおごりがある。このおごりには畏敬心（おそれうやまう心）・敬虔心（うやまいつつしむ心）のかけらもない。

　地球上の人間・動植物・無生物が対等で共存していくためには、人間はもちろん、人間以外の全てのものに対して畏敬心・敬虔心を持たなければならない。畏敬心・敬虔心は、人どうしはもちろん、動植物・無生物の自然や風土を結ぶためも欠かせない。

　「おそれる・うやまう・つつしむ」を表す畏敬心・敬虔心は、エゴイズムとは同居できない。なぜなら、エゴイズムには「おそれる・うやまう・つつしむ」がないからである。エゴイズムは油断すればすぐに台頭するが、畏敬心・敬虔心は自我に対する厳しさを伴う。だからこそ、畏敬心・敬虔心を育むことが重要となる。

　全ての人間が、畏敬心・敬虔心でつながり合う社会を目指さなければならない。畏敬心・敬虔心を育むことが、エゴイズムの克服への道である。では、どのようにすれば畏敬心・敬虔心を育むことができるのだろかを考えてみたい。

　それは、自然の怖さ・厳しさ・美しさ・不思議さ・親しみ・懐かしさなどを、理屈ではなく、ありのままに体験することである。また、伝統行事・民話・昔話・伝説などから畏敬心・敬虔心を読み取って育むことも重要である。

（1）　自然から

　自然に触れると「美しい光景」や「美しい花」に出会ったり、「セミの羽化」という不思議な現象に出会ったりする。豪雨による河川の氾濫、強風に

よる倒木や家屋の倒壊などの自然災害の怖さや厳しさを思い知らされることもある。鳥が魚を捕まえる場面から、食物連鎖を実感させられることもある。赤いリンゴがたわわに実っているのを見ると、太陽や自然の恵みを感じることもある。カニやザリガニを捕まえようとして、指をかまれることもある。小さな砂粒くらいの大きさの種から野菜が育つ不思議さ、その野菜が虫に食われたり病気になったりする厳しさもある。野山で動物の死骸を見ると、生きる厳しさを思わずにいられない。

　このような体験は、自然との触れ合いからしか生まれない。部屋の中でばかり過ごしたり、人工的に作られたテーマパークばかりに出かけたりすると決して得られない。そこで、幼少期から自然と触れ合う機会をできるだけ多くすることが重要である。保育園・幼稚園がなかった時代、あっても少なかった頃は地域の野原・川・田んぼなどの自然環境で花や実を採ったり、虫や魚を捕まえたりして遊んでいた。

　保育園・幼稚園でも自然と触れ合っているところは多いと思われるが、園舎・園地内での活動が多くなり、必然的に屋外の自然と触れ合う機会が少ない状況である。

　デンマークから始まったとされる森の幼稚園が自然体験を重視しているのは、そのような背景もあったのではないだろうか。森の幼稚園は、日本でも広がりを見せ、2017 年には NPO 法人森のようちえん全国ネットワークが設立されている。

　保育園・幼稚園が NPO 法人会員及び認定団体であるか否かにかかわらず、子どもが自然と触れる機会を多くしたい。保育園・幼稚園では園児を外で活動させるには、遠い場合は移動手段を考えなければならないし、出かける場所の遠近にかかわらず、交通安全・ケガ・健康・水分補給などへの配慮をしなければならない。子どもは、本質的に外が好きである。

　しかし、子どもを外で活動させるよりも、園舎内・園地内で活動させたほうが大人にとっては楽にちがいない。大人は大変だが、自然体験の意義を考えると、保育園・幼稚園はもちろん、家庭でも自然と触れ合う機会をできる

だけ多くしたい。自然との触れ合いは感覚を動員しながら、刻々と変化するさまざまな姿や出会いをもたらしてくれる。この過程で、自然に対する畏敬心・敬虔心を無意識に育むことができる。

　自然との触れ合いで留意しなければならないのは、概念的に見ることを避けることである。例えば、花の名前を覚える、花の特徴（花弁の数など）を調べる、昆虫採集して標本をつくるなどを優先しないことである。それよりも、刻々と変化する自然の中で生きている花や昆虫を共感的に観得することのほうがはるかに重要である。

　人間が自然を征服・支配するというエゴイズムから脱却するためには、理屈や概念抜きに、自然の営みの美しさ、不思議さ、厳しさなどに直接触れることが重要である。

（2）　伝統行事から

　古くから伝わる伝統行事（まつり・神事など）には、豊作祈願・感謝、悪霊・邪気払い、安産祈願、鎮魂などに関わるものが多い。伝統行事は季節のリズムと一体になっているものが多い。人間は宇宙的生命であることを忘れがちであるが、伝統行事を通して、季節のリズムなどを体験することは大事なことである。そして、伝統行事には人間の力が及ばない自然に対する畏敬がある。

　伝統行事には、人間と自然の関わりの歴史、人間の力が及ばない世界との付き合い方が反映されている。祈りでもある。ここには、人間の力で自然をコントロールしたり、略奪したりする思想は皆無である。伝統行事は、理屈では説明できないし、科学的にも説明できない。危険を伴う行事さえある。危険のリスクがあるならその行事を止めてもよさそうだが、行事が続いている必然があるのである。

　伝統行事には地域の行事もあるが、「正月に関わる飾りや料理」「お盆の迎え火」「五穀豊穣を祈願したり感謝したりするお供えや祈り」などの家庭で営まれている行事もある。

担い手不足などから、衰退している伝統行事もあるようである。また、核家族化が進んでいる現代は、残念ながら、家庭で代々引き継がれてきた季節の行事なども行われなくなってきている。そこで、地域の伝統行事に参加したり、見学することも大切である。家庭で伝統的に行われてきた行事も意味があるので、復活・継続に努めたい。

（3）民話・昔話・伝説・伝承・風習から

民話・昔話・伝説・伝承・風習には、過去・象徴が息づいている。民話・昔話・伝説・伝承・風習には、過去の面影、人間の心情、宇宙のリズムが宿っている。民話・昔話・伝説・伝承・風習によって、当時の人間の心情や森羅万象及び宇宙のリズムと生命的なつながりを持つことができる。そこから、宇宙的生命として啓発されることが期待できる。

民話・昔話・伝説・伝承・風習は樹木崇拝などのように、人間と自然の関わりをテーマにしているものも多いので、自然に対する畏敬心を育むことができる。民話・昔話・伝説・伝承・風習は、口述で引き継がれたり（言い伝え）、書物や行事としてで引き継がれているものもある。玩具になっているものもある。さらに、古くから伝えられている民族楽器は太古の唄を奏で、太古の世界に誘う。

民話・昔話・伝説・伝承・風習に関わる書物は古文書もあるが、一般の図書・絵本・紙芝居などになっているものも多い。民話・昔話・伝説・伝承・風習は古くから伝わるものだが、現代の絵本類にも自然に対する畏敬心がテーマになっているものも少なくない。

そこで、子どもには絵本などの図書や紙芝居などに触れる機会を多くしたい。この場合、大人からの説明はあまりすべきではない。子どもなりの受け止め方でよい。

4　言葉を育む

　人間は宇宙の森羅万象に無心に呼応し、観得したものを形成する。言葉にも、森羅万象の 意(こころ) が反映される。言霊である。クラーゲスによると、形成の基礎が言葉（母国語）と手仕事とされる。言葉は心情の受容面としての観得が、実施面として形成されたものである。

　言葉は、心情と密接に関連している。言葉は思考から生まれたのではなく、森羅万象の体験過程から生まれたとされる。原初の言葉は指さしとともに発する呼称音・象徴語（オトマトペ）とされ、伝達の役割を担う文字は後から生まれたとされる。象徴は形象の 意(こころ) を反映しているので、森羅万象の 意(こころ) と双極になっている。言葉は、森羅万象の体験過程から心情を育むうえで大きな役割を担うことになる。

　言葉には、「話し言葉」と「書き言葉」がある。「話し言葉」は聴覚、「書き言葉」は視覚が主に関わる。また、「話し言葉」も「書き言葉」も形成されたものなので認識できる。

　言葉を発するときは発声器官の「肉体」が、言葉の概念は「精神」、言葉の意味は「心情」が関係している。よって、言葉は人間の「肉体」「精神」「心情」の全てが関わることになるので、「肉体」「精神」「心情」をつなぐ重要な役割を担っている。「精神」の働きであるエゴイズムの独走を防ぐためには、言葉によって「肉体」「精神」「心情」をつなぐことは意義がある。

　概念的に「死」を表す言葉はさまざまあるが、それぞれの言葉の意味には相違があることを千谷七郎は次のように述べている [16]。

　　一例だけを挙げて、言葉の意味と概念との相違を示す・次に列挙する言葉はいずれも概念的には死を表すが、意味にはなんと相違のあることか！ 逝去、死去、物故(ぶっこ)、他界する、世を去る、落命（戦場で）、帰土、帰泉、横死、非業の最期、絶命、斃死、くたばる、往生する、お陀仏になる、悶死(もんし)、犬死、永眠、成仏、憤死、涅槃、崩去、薨去(こうきょ)、亡くなる、没する、死没、冥土に行く、遷(せん)

化、等々。

　このように、死を表す漢字はさまざまあるが、それぞれの意味は異なる。「死」のこのような言葉の多さは、言葉の豊かさを示している。言葉の豊かさは、心情の豊かさである。ここに挙げられた言葉がいっさいなく、全て「死」でしか表すことができないことを想像してみたらどうだろうか。言葉を育むことは、言葉の豊かさ、観得と形成の多様性を学ぶことでもある。

　概念として現実から分離された言葉（概念語）を学ぶのではなく、生きた言葉として、現実に使われる言葉の 意 をありのままに認識することが求められる。概念としての言葉は一定のことしか表すことができないが、同じ言葉を使っても、発する人、受け取る人によってその意味はさまざまとなり、かつ変移する。ここに、言葉の幅も生まれる。

　言葉は概念として独立して存在するものではないので、心情の受容面である「観得」が不可欠である。つまり、言語活動は「心情」の「観得」と「形成」が一体のものなので、心情を豊かにするのに欠かせない。

　言葉は文字として取り出すことも、音声を再現することもできるが、形成された言葉にのみ焦点を当てるのはよくない。例えば、ひたすら漢字を覚えたり、読み方だけを覚えるのはよくない。漢字や読み方は、概念である。概念だけを取り出すのは、言葉の生命である心情の観得力を切り離してしまう。言葉を育むことは、心情の観得力と形成力の両方を連関させて育むことである。

　また、子どもが発する言葉に共感することも大事である。共感することによって、言語活動が活発になることが期待できる。この際、大人が大人の基準でいちいち修正してはいけない。大人と子どもの共感的なやりとりが大切である。さらに、子どもは言葉の意味が分からなくてかまわない。言葉の響きを大切にするとともに、感じたことを言葉の響きに置き換えることを重視しなければならない。発した言葉をいちいち修正してはならない。子どもが、古典を扱ったテレビに夢中になることがある。意味を理解しているはずがな

い。それでかまわない。

　大人自身が、日頃から心情の観得力と形成力を育むことも重要である。大人が表出する言葉が、無意識に子どもに影響するからである。

　自然などの形象の体験による言語活動も大事だが、絵本・絵日記・紙芝居・文学作品などの言葉も重要である。これらの言葉は森羅万象の 意<ruby>（こころ）</ruby> を反映しているので、森羅万象の 意<ruby>（こころ）</ruby> を通して、生を実感することができる。さらに、言葉の美しさ・豊かさを学ぶことも重要である。発表も大事にしたい。

　また、絵本・絵日記・紙芝居には言葉だけでなく、絵も添えられている。絵は、言葉で伝えきれないものを伝えることができる。絵が言葉を補足して、理解を助けることが期待できる。さらに、「言葉遊び」もある。「言葉遊び」によって、音を楽しむこともできる。「言葉遊び」は、言葉の不思議な世界に導いてくれる。

　言葉そのものは抽象化された概念だが、心情と結合することによって体験では感知できなかったことを感知できることもあるし、言葉にすることによって心情が観得したものを認識できることもある。認識によって、更なる言語活動に発展していくことが期待できる。

5　手仕事を育む

　手仕事は言葉どおり、「手」を使う。正確には、手だけではなく、目も耳なども使う。簡単にいえば、「からだ」を使う。しかし、「からだ」だけでは、手仕事はできない。「からだ」だけでできるなら、動物も手仕事ができることになる。動物ができないことは、誰でも知っている。

　手仕事は、物づくりが主となる。具体的な物づくりには、工作（おもちゃ、乗り物など）・木工（おもちゃ、家具類など）・模型・手芸（織物、縫製、染色など）・竹細工・版画・彫刻・陶芸などさまざまある。心をこめて書く習字にも意味がある。

　では、なぜ動物は手仕事ができないのだろうか。それは人間にだけ「精

神」があるからである。精神があることによって、心情が目覚めて「観得」や「形成」性能を得ることができ、認識することも可能になったとされる。手を動かすのは、直接的には「からだ」の感覚・運動の働きだが、「からだ」の感覚と運動によって手仕事に向かわせるのは心情の働きである。このように、手仕事は「肉体（からだ）」と「心情と」いう生命が一体になっている。

　手仕事なら、どのようなものでもよいのではない。うまくつくろうとしたり、見栄えを気にしたり、売れるかを気にしたり、効率を追求したり、他人よりもよいものをと競ったりするのはよくない。このように傍目などを気にするのは、心情の育成を妨げるだけである。

　心情を豊かに育むためには自分が観得したものを大事にするとともに、手仕事をしているときに指し示すままに仕上げていくことが重要である。夢中になって手仕事に取り組むことによって、最後まで仕上げたい気持ちが自然に湧きあがるはずである。

　動物を見ても、鳥がみごとな巣を作るのには驚かされる。人間にも、きちんと仕上げる能力が備わっているはずである。よって、手仕事で重視すべきは出来ぐあいなどではなく、最後まできちんと仕上げる完全性とされる。

　保育園・幼稚園の年長児が、組紐や織物に長期間夢中になって取り組んでいる実践がある。組紐や織物は子どもに合わせているので、大人がやるような本格的なものでないことはいうまでもない。子どもが時間を見つけては、とりつかれるようにコツコツと取り組んで完成させている。決して難しい内容ではない。やりだしたら仕上げていくことが、楽しくてしかたないのである。完成時の充実感が手に取るように伝わってくる。

　小学校の図画工作・家庭、中学校の美術・技術家庭でも物づくりが行われている。しかし、さまざまなことを体験させる意味もあるためか、多くの題材が組み込まれている。よって、長時間かけて完成させる題材が組み込まれることはない。

　学校が、長時間かけて完成させる物づくりに取り組ませていないのは問題である。長時間かけて完成させることに意義を見出していないのである。こ

の際、長時間かけて完成させる手仕事を図画工作・家庭・美術・技術家庭もしくは新規科目で導入する必要があると思っている。

　現状の授業科目及び授業内容は、どれも大事なので減らすことはできないとの反論があるかもしれない。しかし、知識それも識に偏重した教育課程そのものに問題がある。現状の授業科目および授業内容を一度リセットして、ゼロから考える勇気が問われている。

　手仕事は自分で判断し、納得できるように最後まできちんとやり遂げることによって心情に響き、成就感を体感することができる。しかし、短時間で簡単に完成してしまう内容では、最後まできちんと仕上げることとほど遠くなるので、しみじみとした成就感を達成することは難しい。また、他意のある手仕事はどこかに無理があるので、継続することに困難を伴うことが多い。

6　多様な価値観・文化との出会いを育む

　SDGsの一つである「ジェンダー平等」は、ジェンダーのみならず人間の多様性の尊重である。人間社会や地球との共存は多様性を認め、自分の価値観を相手に押しつけないことで可能になる。自分の価値観を押しつけることはエゴイズムそのものである。では、どのようにすれば多様性をあたりまえに認めることに繋げられるのだろうか。

（1）　異年齢・異文化と交流する

　現代の保育園・幼稚園・学校は、なぜか生活年齢に基づく同一年齢中心に回っている。地域で遊ぶ場合も、同一年齢が多い。同一年齢が集団でいるのは、生物界では異常である。子どもを同一年齢で囲うのは大人の都合にすぎない。

　人間社会は、さまざまな年齢で構成されている。保育園・幼稚園・学校では年齢・学年を越えた行事もあるが、同一年齢によるクラス別活動が圧倒的に多い。家庭でも、核家族化が進んでいるので、何世代も同居している家庭

は少ない。

　同一年齢から学ぶことも多いが、異年齢から学ぶことも多いはずである。異年齢・異文化と交流することによって、そこからさまざまな考えや価値観があることを学ぶ。多様な考えや価値観があることを知ることは、自分の考えを絶対視することを回避することに繋がる。自分の考えの絶対視は執我そのもの、エゴイズムそのものである。自分の考えを絶対視しないことは、エゴイズムの克服に繋がる。

（2）　異論を排除しない

　最近の政治の世界では、異論の排除が話題になっている。異論の排除は多様性を否定することであり、エゴイズムそのものである。異論によって、眼中にない考えに気づかされることも多い。異論によって再考することができるとともに、考えを深めることもできる。異論はとても貴重である。異論を排除しないことは多様性を尊重することであり、自分（自我）とらわれないことである。つまり、自我・精神が捨我の状態である。自我にとらわれず、相手の立場になって想像するエンパシーに通じる。

　自分と違う考えに出会ったら、「そうだな」と同意できる考えは受け入れればよい。「そうかも」と思う考えに出会ったら、立ち止まって考え直してみればよい。「そんな考えもあるのか」と思ったら、認めて受け入れればよい。自分と違う考えとの出会いは、プラスにこそなれ、決してマイナスにはならない。異論がなければ、自分にとっても、相手にとっても、社会にとっても不幸である。多様性に異論はつきものである。異論によって知恵が深まる。

　子どもの考えや主張も、子どもだからといって無視したり、排除したりしてはならない。子どもの考えや主張に傾聴することによって、子どもが自分の考えや主張を率直に伝えられる素地を醸成することができる。エゴイズムの克服にも貢献できる。無視したり、排除したりすると、発言してもむだであることを学習するリスクがある。そして、エゴイズムを目覚めさせるリス

クがある。

　異論を排除しないためには、自由に討論する機会を多く設けることも必要である。一方的な話や演説は、ややもすると独善的になったり、うぬぼれたり、謙虚さにかけたり、話を盛ったりしがちである。独善・うぬぼれ・不誠実・虚偽なども、エゴイズムそのものである。

　一方、自由な討論は相手の話をきちんと聞くことが求められたり、相手の話を一方的に非難しない節度も求められる。自由な討論は、参加者全員に誠実な態度が求められる。

　節度・誠実はエゴイズムとは対極の、精神が捨我の状態である。捨我こそ、エゴイズムの克服に不可欠である。

（3）　他の発表に触れる

　他の発表とは、学習発表会、図書、展覧会やコンサートなどの発表である。個人の発表であれ、グループの発表であれ、発表は人間の心情の現れ（形成）である。人間は一人一人の観得力や形成力が異なるので、他の発表に触れることによって自分との違いを知ることができる。他の発表に触れると、自分の心情も触発される。心情の触発を通して、心情を育むことが可能になる。

　実利を重視する人は芸術・文化をあまり評価しないが、コロナ禍にあって、芸術・文化が人間にもたらす潤い、芸術・文化が心情及び人間を豊かにすることが再発見されている。芸術・文化なくして、人間は豊かに生きることはできないと。

　芸術・文化によって豊かに生きるということは、芸術・文化を生んでいる心情の働きを高め、重視し、享受することである。芸術・文化を通して、心情を育むことがエゴイズムの克服に繋がる。

　よって、子どもの頃から自分自身の芸術・文化活動を重視するとともに、他の発表にも積極的に触れさせたい。

（4）　驚異・愛・手本を大切にする

　これは、63-65頁で述べた「子どもの心情に寄り添う」の補足でもある。大人が子どもに寄り添うためには、クラーゲスが心情育成の主養分としている「驚異・愛・手本」が求められる[17]。

　「驚異」は、驚き不思議がることである。子どもに「驚異」をもたらす体験をどれだけ与えられるかが問われる。

　「愛」は子どもを愛することだが、大人が子どもを愛していると思っていても、子どもはそうと受け取っていない場合もある。子どもにとっての大人の愛とは、「子どもが安心してそばにいることができる大人」といえる。過剰な期待も、放任もよくない。子どもに共感しながら、子どもの心情を育むことができる大人であるかが試される。

　クラーゲスは教師の手本性として、知恵の他に誠実・勇気・節度を挙げている。そして、子どもにも、誠実さを求めなければならないとしている。言い訳したり、隠し立てしたり、体裁をつくったり、告白する勇気の欠如をとがめるべきとしている[18]。

　人間はいつも正しいことをするとは限らない。失敗することも忘れることもある。他人が見ていないとズルをすることだってある。大事なことは、望ましくないことをした場合に子どもを責めるのではなく、子ども自身が率直に認めることである。大人も、ミスしたら率直かつあたりまえのように認めればよい。子どもの場合も、率直に認めることの大切さを日頃から習慣にしたい。率直に認めることは、誠実な対応である。誠実な対応は捨我そのものである。捨我を育むことによって、エゴイズムの克服が期待できる。

7　人間の生命を握る感覚を磨く

　感覚は何のためにあるのだろうか。生きるためである。生物は生きるため
に、生物固有の感覚を持っている。

（1）　植物と動物は感覚を研ぎ澄まして自然と対話している

　植物は宇宙のリズムである季節とリンクして、発芽し、生長して、花を咲
かせ、実を結ぶ。これを、三木成夫は「成長繁茂・開花結実」と呼んでい
た。季節の重要な要素は、温度と日照時間である。無論、光・水・栄養・二
酸化炭素なども欠かせない。春になれば発芽し、秋になって寒くなれば葉を
落とす。植物の発芽を促進するためには、一定期間冷蔵庫に入れて擬似的に
冬を体験させてから種まきすると、春が来たと思って発芽を促進することが
分かっている。小さな種子のどこに温度センサーがあるのか不思議である。
菊などの花も、日照時間を調整して、開花の時期を操作している。このよう
に、植物は温度や日照時間などをまるごと感じて生きている。

　動物の感覚は、動物によって特徴がある。犬の嗅覚は早く察知するため
に、人間よりもはるかに優れているのはよく知られている。鮭が川に戻るの
は視覚・地磁気・嗅覚・体内時計・太陽コンパス等の説があってまだ決定的
なことは分かっていないようだが、鮭固有の感覚があるのは間違いない。渡
り鳥も同様である。また、珊瑚やヤドカリなどは潮の干満と関連があるとさ
れる。月のリズムを感知しているのはまちがいない。

（2）　人間も感覚を動員して自然と対話しよう

　人間の感覚は、図２のように、①特殊感覚感覚（視覚・聴覚・嗅覚・味覚・
平衡感覚）、②体性感覚（皮膚感覚［触覚・圧覚・温覚・冷覚・痛覚］、運動
感覚）、③内臓感覚に分される。

　これらの感覚は、無意識かつ瞬時に働く。意図的・意識的に見たり、触る

こともあるとの反論があるかもしれない。意図的・意識的に見たり触る場合でも、そのときの感覚は無意識に働く。生命を維持するためにいちいち意識しないのは当然である。

　人間も生き物なので、体内時計・太陽コンパス・潮の干満・引力などを感知する感覚などと無縁であるはずがない。

　植物と動物は人工物を作ることができないので、自然と一体である。しかし、人間は人工物を作ることができるので、身の回りに溢れている人工物も人間の感覚に影響を与えていると考えなければならない。特定の感覚を酷使したり、逆に、特定の感覚をあまり使わないことも起きている。人工物が、人間の感覚の正常な働きを妨げているといえる。そこで、人工物による感覚の妨げを最小限にする生き方が求められる。

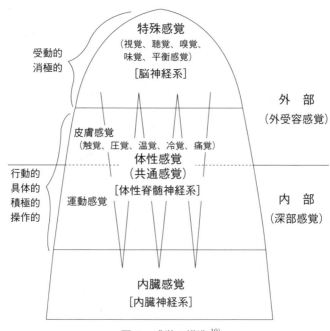

図２　感覚の構造[19)]

（3）　触覚を含む体性感覚が重要である

　触覚はもともと感覚を意味するくらい、人間にとって重要な感覚である。触覚は全身で感じることができる。舌による感覚は最も原初的な感覚とされる。舌は、「のどから出た手」ともいわれる。「なで回す」という言葉もある。三木成夫によると、赤ん坊時代に何でも舌でなめた記憶が、その後の形態把握に役立っているという。

　視覚で分からない表面の微細な凹凸も、触ると分かる。温冷も感じるとることができる。乳幼児期に、何でも口に入れる時期がある。舌は、味覚に限定されない。舌によって、形状・大きさ・硬さ・味・温冷などを感じているにちがいない。舌が温冷を感じることができるから、食事でやけどをしなくても済む。また、大人どうしでも舌で触れ合うことがあるように、舌による感覚は極めて根源的である。

　体性感覚に含まれる触覚は、舌もあるが広く分布する皮膚もある。皮膚感覚には触覚のほかに、圧覚・温覚・冷覚・痛覚などがあり、それぞれ触れることによって感知できる。

　皮膚感覚は直接触って感知することが多いが、触れなくても得られる感覚もある。例えば、寒暖である。皮膚感覚は触覚・圧覚・温覚・冷覚・痛覚のみと思われがちだが、視覚・味覚・嗅覚・聴覚などに類するセンサーもあるとされる。

　皮膚は、目・舌・鼻・耳では感知することができないものも感知しているとされる。目・舌・鼻・耳から得られる視覚・味覚・嗅覚・聴覚情報も、皮膚が補い、皮膚と連携していることになる。目に映っているものが見えるものの全てではないし、耳に聞こえるものが聞こえるものの全てではないということである。もっと具体的にいえば、目は可視光線しか捉える<ruby>捉<rt>とら</rt></ruby>えることができないが、皮膚は可視光線以外も感知しているとされる。耳も可聴周波数しか捉えることができないが、皮膚は可聴周波数以外も感知しているとされる。また、地磁気も感知しているようである。気圧なども感知していることが予想される。

　可視光線以外の光、可聴周波数以外の音、地磁気などが感知されている
なら、気配を感ずることも否定できない。きっと、第六感や予感を生むセン
サーがあるのだろう。

　特殊感覚の視覚・味覚・嗅覚・聴覚・平衡感覚はそれぞれ、眼・舌・鼻・耳・
三半規管と感覚器官が局在しているので限定される。しかも、これらの特殊
感覚は受動的な感覚である。一方、体性感覚（皮膚感覚［触覚・圧覚・温覚・
冷覚・痛覚］、運動感覚）は全身にある。体性感覚野が対応する運動野と連
動して、身体を動かす。よって、体性感覚は行動的・具体的・積極的・操作
的・直接的である。

　体性感覚は身体を必ず動かすので、直接的で具体的な体験となる。体験
は、知識だけでは判断しない。石を見ると、石であることは分かる。しか
し、見るだけだと視覚だけの情報なので、見た目の範囲でしか分からない。
しかし、持ってみると体性感覚（皮膚感覚や運動感覚）と運動野が関わるの
で、肌触りや重さを実感することができる。粘土を持ってみたり、触れたり
すると体性感覚野・運動野によって、肌触り・重さ・軟らかさなどが分かる。
嗅覚によって、粘土の匂いを感じることもできる。粘土を操作するときは、
視覚も関わってくる。粘土を口に入れると、味覚によって粘土の味さえ分か
る。聴覚によって、粘土をたたく音も確認できる。このように、体験にはさ
まざまな感覚が動員される。さらに、体験を通して、石や粘土などの 意（こころ）に
も心情が開かれる。

　一方、水を H_2O とするのは、概念化された知識のみである。水の分子が
H_2O であることは正しいが、水の性質は体性感覚をはじめとするさまざま
な感覚に働きかけてみないと分からない。ありのままに感知するためには、
頭だけで理解するのではなく、感覚を動員しなければならない。その中でも
体性感覚の重要性は指摘しても指摘しきれない。

　体性感覚は図３のように、共通感覚として、外受容感覚と深部感覚をつな
ぐ重要な役割を持っている。保育や教育のみならず、人間にとって体性感覚
へ働きかける体験がもっと重視されなければならない。

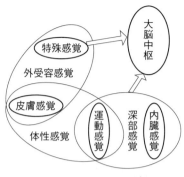

図3　感覚の関係[20]

　ところが現代は、液晶画面による疑似体験（バーチャル・リアリティ）、液晶画面や印刷物からの情報収集など、視覚優先に拍車をかけている。ゲームやデジタルの世界を否定しているのではない。うまく付き合うことが大切である。

　保育園や幼稚園における体験は、お絵描き、糊とハサミによる工作、室内ゲームなどが積極的に行われても、水遊び・泥んこ遊び・粘土遊びなどの全身に働きかける活動はあまり積極的に行われていない。準備や片づけが大変だし、服も活動場所も汚れるから、大人の都合で敬遠される。保育園や幼稚園では、水遊び・泥んこ遊び・粘土遊びなどの体性感覚に働きかける感触遊びなどを積極的に展開しなければならない。

（4）　五感は全ての感覚を表さない

　五感が、全ての感覚を表していると勘違いしている人は多い。五感は特殊感覚の①視覚・②味覚・③嗅覚・④聴覚と、体性感覚の皮膚感覚の1つである⑤触覚を表すにすぎない。

　五感では、特殊感覚感覚の平衡感覚、体性感覚の皮膚感覚である圧覚・温覚・冷覚・痛覚と運動感覚、内臓感覚が抜ける。五感に含まれない平衡感覚・圧覚・温覚・冷覚・痛覚・運動感覚・内臓感覚も、重要な感覚であることを忘れてはならない。

（5）　測定できないことも感じている

　科学に対する信仰があるから、数値化して示されると説得力を持つし、信じがちである。しかし、数値化されたことが数値化の分だけ証明されたにすぎない。

　例えば、音がある。人間が聞き取れる音の周波数は、20Hz ～ 20,000Hz（ヘルツ）くらいとされる。そこで、CD は音の波形を細かく切り、20Hz ～ 20,000Hz 以外はカットしているとされる。一方のアナログレコードの波形はそのままで、周波数をカットすることはしていない。0と1しかないデジタルの CD からすると、アナログレコードはノイズが多い。アナログレコードはノイズが多いのに、音にぬくもりを感じる人が少なくない。耳で聞き取ることができない音も感じていると思われる。

　20Hz 以下の聞き取れないとされる重低音の健康被害も報告されている。人間が聞き取れる音の周波数は20Hz ～ 20,000Hz くらいかもしれないが、20Hz 以下や 20,000Hz 以上の音が人間に影響を与えていると考えなければならない。そもそも、自然界には0と1のデジタルはない。自然の音はもっと複雑で、重層で、多様である。

　次に、光線を見てみたい。太陽光線は波長の短い順から、紫外線・可視光線・赤外線の3つから成るといわれている。さらに、紫外線よりも波長が短いものにX線・ガンマ線、赤外線よりも波長が長いものにマイクロ波・電波がある。また、素粒子のニュートリノも飛び交っている。可視光線以外は眼に見えないが、人間は眼に見えない光線も浴びている。

　眼に見えるか見えないかにかかわらず、これらの影響を受けているのはまちがいない。嗅覚も、味覚も、人間が直接感じることができないものも相当あると思われる。

　いずれにしても、人間の感覚器官が認識できるものはかぎられていると考えなければならない。認識できるか、認識できないかにかかわらず、身体全体に影響を与えていると思われる。

　認識できるものだけを感じていると思ってはいけない。認識できないもの

にも生命を開いていくこと、そのために、いろいろな体験をすることが重要である。

（6）　身体を積極的に動かそう

　使わない機能は退化する。これは、進化の必然である。ケガのため片方の足に2か月間ギブスを付けた結果、付けなかったほうの足の大腿部との太さの違いに驚かされたことがある。ギブスを付けた足の太さが、付けなかった足の半分くらいの太さしかなかったのである。とても同じ人間の足とは思えなかった。たった2か月間足を動かさなかっただけで、想像を超えるほど筋肉が落ちたのである。このように、身体は動かさないと機能が落ちる。手足はもちろん、全身を積極的に動かさなければならない。

　子どもの場合は、木や山に登ったり、ぶらさがったり、走ったり、跳んだりなどを、自然・遊具・遊びなどを通して活発に展開したい。また、砂遊び・穴掘りなどの道具を使った遊びも積極的に行いたい。いっぱい動くことによって、身体機能も活発に働く。筋肉がつくことによって、骨格も維持でき、必要な動きがスムーズにできる。脳も使うことになるので、脳神経も活性化する。

　座学中心だと、身体をあまり動かさないので、身体機能は活性化しない。長時間椅子に座りっぱなしだと、腸の働きも弱り、便秘にもなりやすい。気をつけないと、エコノミー症候群（＊）にもなりかねない。

＊エコノミー症候群は肺血栓塞栓症と言われ、長時間同じ姿勢を保持すると足の静脈に血栓ができ、肺の静脈を詰まらせる。症状が重いと、死に至ることもある。

第**4**章

環境とどのように関わればよいか [21]

　人間や生物が生きるための環境は、近年ますます悪化している。安心できる環境はもはや存在しない。生きるために不可欠な「空気」「水」「食物」さえも、人間自らの手によって汚染し、安心できない状況をつくってきた。

　本章では、人間の生存に欠かせない「空気」「水」「食物」をまず取り上げ、さらに「室温」「発熱」「照明」「太陽」「洗剤」にも言及する。なお、本章で取り上げる内容は、SDGs の「②飢餓をゼロに」「⑥安全な水とトイレを世界中に」「⑦エネルギーをみんなに、そしてクリーンに」などに直結する。また、本章で言及する内容は、いずれも人間が地球とともに生きていくために極めて重要である。これらとどのように関わればよいのか、どのような環境で子育てして生きていけばよいのかを考えてみたい。

1　空気とどのように関わればよいか

（1）空気と標高

　空気（大気）があるのは高度 100km くらいまでとされ、地上に近い層から「対流圏」「成層圏」「中間圏」「熱圏」に分類される。「対流圏」は赤道付近と北極・南極では厚さが違うので、地上から 9 ～ 17km とされる。人間は「対流圏」に住むが、住むことができるのは標高 5,000m くらいまでとされる。世界ではボリビアのエル・アルトが標高 4,150m、首都ラパスが標高

3,593m、日本では標高1,500mくらいの集落もあるが人口は限られている。

　標高が高いと空気は薄くなるが、長野県大町市の標高が726m、東京では江戸川区役所が2m、都庁が37m、青梅市役所が187mと、大半の日本人は標高1,000m以内に住んでいるので、空気の薄さは気にしなくてもよい。

（2）　空気の成分

　地球誕生の頃は二酸化炭素がメインで、酸素は極めて少なかったとされる。その後、二酸化炭素は海水に溶けて石灰岩となり、二酸化炭素を吸収して酸素を産出する植物の誕生によって酸素が増加したとされる。

　現在の空気の成分は、窒素が約78％、酸素が約21％、二酸化炭素0.03〜0.04％を含むその他が約1％とされる。窒素は安定した気体で循環するので、地球誕生の頃と大きな変化はないとされる。

　人体の元素を質量比で見ると、酸素（62.6％）、炭素（19.5％）、水素（9.3％）、窒素（5.2％）、その他（3.4％）で、窒素は4番目に多い。生物の体をつくるタンパク質はアミノ酸からできており、遺伝やタンパク質の合成に必要な核酸にも窒素が含まれている。このように、生物にとって窒素は重要である。また、豆科の植物の根に共生するバクテリアが窒素を利用して、植物性タンパク質をつくることが知られている。

　ただし、人間は空気中の窒素ガス（N_2）から人為的・工業的にアンモニアをつくり、硝酸や窒素肥料の原料にしている。その結果、それまで窒素が安定して循環していた地球環境に対して、窒素の流出が増加している。温室効果ガスの元凶は、二酸化炭素・メタン・亜酸化窒素・一酸化窒素・六フッ化硫黄・フロンなどであるが、亜酸化窒素は二酸化炭素の約250倍もの温室効果ガスがあるとされる。また、一酸化窒素はオゾン層破壊ガス、窒素酸化物は酸性雨の原因になり、河川に流出する窒素はプランクトンの栄養となって富栄養化を誘発し、水質汚染の原因になっている。

　福島原発などによる空気中への放射能拡散・空気汚染も無視できない。放射能汚染は対応が難しいため、極めて深刻である。福島原発が再度大きな地

震に襲われたら、首都圏に人が住めなくなる可能性は否定できない。

（3） 人間にとっての空気

　人間は、空気を吸って生きている。肺は、吸った空気中の酸素と体内の二酸化炭素をガス交換している。問題は、空気が汚染されてきている中でどのような空気を吸うかである。吸う空気が、人間の健康を大きく左右する。

　汚染された空気を吸うのを避けるために、酸素のみ吸えばよいとの考えもあるかもしれない。しかし、酸素は燃焼を加速させるなどのリスクもあるので危険である。よって、酸素のみで満たされた空間で生活することはできない。そのため、酸素のリスクを回避するためにボンベなどから酸素を直接吸入している。

① 空気汚染の現状

　東京都がディーゼルエンジンによる粉塵問題を提起したのは、記憶に新しい。関東地方の光化学スモッグ、硫黄酸化物が原因の四日市ぜんそく、アスベストの拡散、PM2.5などもある。これらは、工場や自動車などの排気ガスが主原因である。

　PM2.5は排気ガスがもたらし、炭素・硝酸塩・硫酸塩・アンモニウム・塩ケイ素・ナトリウム・アルミニウムなどで構成される。呼吸器系や循環器系に悪影響がある。太陽が遮られるので、気候への影響も指摘されている。

　また、森とて空気は決してきれいではない。冬山の雪は真っ白と思っていたが、黄ばんで汚れていたことに驚かされたことがある。黄砂である。また、とある市の山間部の山に出かけたときに風が吹いてきたら、霧のようなものが降りかかってきた。大量の杉花粉である。人家の屋根にも飛んでくるので、降雨の後に雨樋から排水された水の流れに沿って杉花粉が黄色の筋になって残っていた。停めておいた車の屋根やフロントガラスにもたくさん振りかかっていた。杉が、これほどの花粉をまき散らしているのは驚きだった。また、山には火山性の有害ガスを発生する場所もあるので注意が必要である。

　「田舎の空気はきれい」は誤解である。杉などの樹木や花の花粉問題があるうえに、農薬問題がある。完全無農薬もあるが、それはごく一部である。農薬の散布中は空中に農薬の化学物質が散布されるので、風向きによっては農薬の化学物質を直接浴びたり、吸うこともある。直接浴びたり、吸ったりしなくても、農薬の散布後はしばらく化学物質成分が空中に拡散・蒸発する。

　田舎は、「空気がきれい」というイメージがある。しかし、車や工場の排気ガスは少ないが、農薬・野焼き・杉花粉などを考えると、田舎は決して「空気がきれい」とはいえない。

　このように、屋外の空気汚染は工場・自動車・工事（建築など）・農薬・黄砂などによってもたらされる。また、屋内の空気汚染もある。まず、受動喫煙である。さらに、最近話題になっているハウスシックがある。ハウスシックの原因は、建築材料の化学物質だけではなく、細菌・カビ・ダニ、暖房機器による一酸化炭素・二酸化炭素・窒素酸化物などもある。

　建築材料の化学物質には、合板や内装材のホルムアルデヒド・トルエン・キシレン・エチルベンゼンなどがある。接着剤や塗料にはこれらのほかにアセドアルデヒドも含まれているものがある。アセドアルデヒドは、防カビ剤や香料などにも含まれているものがある。殺虫剤や農薬には、クロルピリホスやダイアジノンが含まれているものもある。これらの揮発性の化学物質も、許可されているから安全とは決していえない。家具・カーテン・カーペット・防カビ剤なども、化学物質を発生するものがある。屋内も決して空気がきれいとはいえない。

　シックハウス症候群の症状は、目やのどの痛み、めまい、吐き気、鼻水、咳、頭痛、倦怠感、皮膚炎、のどの乾き・痛み、体調不良など全身に波及する。

　②　汚染された空気への対処

　　ア　粉塵・微粒子を吸わない

　粉塵・微粒子には、黄砂・花粉・煙（タバコ・排気ガス・野焼き・工場な

ど）・土埃　などがある。

　まず、有害な粉塵・微粒子を多く発生する場所に住んだり、出かけたりしないことである。工場や交通量の多い場所に住むことは、常に有害な粉塵・微粒子を吸い込むリスクが大きいので避けなければならない。

　黄砂や花粉は情報を事前にチェックして、多いときは外出を避けたい。マスクも必需品である。タバコは喫煙者本人にとってよくないが、受動喫煙の弊害も指摘されているので、家庭内の喫煙によって子どもが受動喫煙に巻き込まれるのは絶対に避けなければならない。

　建物内の禁煙は法律で定められるようになってきているが、屋外の禁煙は課題がある。都市部では路上喫煙の罰則を定められているところもあるが、多くの市町村では規制されていない。屋外の祭りなどで喫煙している例も少なくないので、禁止しなければならない。屋外の規定がないのは片手落ちである。屋内外にかかわらず、大人も、子どもも、受動喫煙しない環境にしなければならない。

　粉塵・微粒子の発生源が屋外でもあっても室内への侵入を完全に防ぐことはできないので、空気清浄機は必要である。ただし、空気清浄機の性能・価格は千差万別である。花粉・細菌・PM2.5・ウィルスの全てを除去可能な製品もあるが、一部しか除去できないものもある。

　　イ　化学物質を吸わない

　化学兵器の猛毒ガスは別として、火山・温泉地帯の有毒ガスには注意しなければならない。有毒ガスを発生する可能性を事前に調べておけば、避けることができる。

　問題なのは、日常的な化学物質の吸い込みである。合板・接着剤・塗料などの建築に関わるものは、新築やリフォームで対応すればよい。2003年の建築基準法改正によって、ホルムアルデヒドの発散量の等級を表示しなければならなくなったが、化学物質の発散は皆無でない。

　近年、安価な合板・壁紙ではなく、無垢の木材・漆喰・珪藻土などの自然由来の材料が見直されているのは大事なことである。自然由来の材料だと、

再利用も自然に帰すことも容易だが、自然由来でない人工的な素材は有害な物質を含んでいることが多いので再利用や廃棄にリスクがある。防カビ剤などは使用を止めて、換気や掃除などでカビの発生を防止すればよい。

　農薬も化学物質である。農薬をいっさい使っていない農家は稀である。農薬の化学物質を吸わないためには、農薬散布中やその農地に近づかないようにしなければならない。

　化学物質をいっさい発散しない住宅に住むにこしたことはないが、自覚できない人が多いのではないだろうか。自覚できなくても、化学物質を多少は発散している住宅に住んでいると考えなければならない。

　新築やリフォームで対応できない多くの人は、空気清浄機の使用はもちろん、換気を励行することがとても重要である。換気はダニやカビの抑制、暖房機器から発生する一酸化炭素・二酸化炭素・窒素酸化物などの減少にも効果がある。なお、換気は相当意識しないと日常的かつ継続的に行うことは難しい。ダニやカビの抑制にはこまめな掃除も有効である。

　　ウ　室内の二酸化炭素の濃度に注意する

　大気中の二酸化炭素の濃度は、400ppm 程度とされる。しかし、二酸化炭素は地球全体で年間約 100 億トン排出されているとの試算がある。試算によると、半分の約 50 億トンは森林と海に吸収されるが、残り半分の約 50 億トンは吸収されずに大気に溜まり続けているとされる。その結果、大気の二酸化炭素濃度の上昇及び地球温暖化に拍車をかけている。

　厚生労働省建築物環境衛生管理基準は、温度（17 〜 28 度）、湿度（40 〜 70％）、二酸化炭素（1,000ppm 以下）になっている。温度計や湿度計は普及しているので、室内の温度や湿度はすぐに分かる。また、人間は寒暖には敏感である。しかし、二酸化炭素の濃度に関しては、鈍感である。

　昔の住宅は隙間があったので換気が自然に行われていたが、最近の住宅は高気密・高断熱が多いので換気に注意しなければならない。電磁調理器・熱交換式の換気扇及び暖房機器・エアコンを使っていてもだいじょうぶということはない。そもそもエアコンは室内の空気を循環しているので、換気をし

ない。

　家族が多いと、日中は500ppm程度でも、就寝時には1,500～2,500ppm
くらいになることは珍しくないようである。満員電車や焼き肉店内なども、
1,000ppmオーバーになることが指摘されている。部屋の中に多くの人がい
る場合や、暖房や調理機器で化石燃料（炭・練炭・薪・ガスなど）を使う場
合は二酸化炭素が多くなるので、換気に努めなければならない。

　二酸化炭素の測定器は、二酸化炭素のみのもの、都市ガス・プロパンガ
ス・ベンゼン・ホルムアルデヒドなども検出できるものなどさまざま販売さ
れているので常備したい。

（4）　森林浴をする

　植物が酸素を供給するので、天然林で森林浴を積極的にする。樹木はフィ
トンチッドという化学物質を放散し、マイナスイオンもある。フィトンチッ
ドやマイナスイオンによって、リラックス効果、アロマセラピー効果、スト
レス改善効果、免疫力改善効果などもあるとされる。いろいろな動植物や自
然現象に出会う喜びもある。

　ただし、紫外線が強い日、花粉や黄砂が多く発生する日などは避けなけれ
ばならない。

　2　水とどのように関わればよいか

（1）　水は人間と不可分な関係にある

　人体は、水分・タンパク質・脂肪・糖質・ミネラルから成る。水分は、子
どもよりも少ないとされる成人でも人体の約60％も占めている。このよう
に、水分・タンパク質・脂肪・糖質・ミネラルの中では水分が最も多い。水
分の補給・維持なくして、人間は生きられない。

　また、地球の海に生命が誕生したのが、今から約40億年前といわれてい
る。そして、長い海中生活を経て上陸した爬虫類の誕生が約3億年前とされ

る。よって、生命誕生の約40億年前から爬虫類誕生の約3億年前までは海
で過ごしている。つまり、生命の歴史の約9割にあたる約37億年もの長い
期間、海で過ごしてきたことになる。羊水と古代海水の成分が類似している
のも、その証（あかし）であろう。約37億年にわたる海中での生活、つまり、親密
な水との長い生活が人体にも生命記憶として刻み込まれていると考えなけれ
ばならない。

　子どもが水遊びを好むのも、海という水での長い生活に対する生命記憶や
懐かしさ、安心感があると思われる。幼児はプールに浸かったり、水遊びし
たりする活動を積極的に行うべきである。また、どろんこ遊びや土粘土遊び
のような水が含まれる遊びも大切にしたい。

　しかし、残念ながら、これらの水に関わる遊びは「準備や後片づけが大変
である」「活動場所や服が汚れる」などの理由から敬遠されがちである。子
どもの興味や、人間と水の長い関わりの歴史を考えると、子どもにとっては
とても意味のある活動である。水と関わる機会を積極的に設けなければなら
ない。無論、大人もプールや温泉など、水に関わることは重要である。

（2）　どのような水を飲めばよいか

①　河川や地下水も安心・安全とは言えない

　地球温暖化を防ぐために、二酸化炭素（CO_2）の排出が問題になってい
る。しかし、火力発電所・工場・自動車などによる大気汚染がある。雨は大
気を通って河川や海に流れ、地下水にもなる。大気が汚染されているので、
雨も汚染から逃れられない。雨が流れ込む河川・湖・海、雨などが浸透する
地下水なども汚染から逃れられない。

　石炭を燃料とする火力発電所や工場の排気ガスは、対策によって硫黄酸化
物の排出が減少しているがゼロではない。自動車もガソリンエンジンは三元
触媒などによって、ディーゼルエンジンはフィルターや触媒などによって有
害ガスの低減に取り組んでいるが、これもゼロではない。

　主な有害ガスは、一酸化炭素（めまい・頭痛）、炭化水素（目の痛み・呼

吸器系障害）、窒素酸化物（酸性雨・オゾン層破壊）、PM などの微粒子（発がん・呼吸器系障害）である。

　ガソリンエンジンは三元触媒などで一酸化炭素・炭化水素・窒素酸化物は低減できているし、PM はそもそも低い。しかし、二酸化炭素は多い。一方、ディーゼルエンジンは二酸化炭素が少ないが、窒素酸化物や PM はあまり低減できない。

　このような有害な物質のある大気を雨が通ると、当然ながら、雨も汚染される。よって、大気に対する有害な物質の排出と水の汚染は無関係ではない。

② 　水道水とミネラルウォーター

　飲料水として、地下水（井戸水）や沢などの水を利用している人もいると思うが、圧倒的に水道水とミネラルウォーターが多い。

　ア　水道水

　地下水を利用している水道もあるが、ほとんどの水道の水は河川やダム湖から取水される。雑菌を抑制するために、塩素で消毒される。水道法では、残留塩素が 1 リットルあたり 0.1mg 以上とされる（最大 1mg まで）。水道水に塩素のにおいを感じるのはこのためである。

　イ　ミネラルウォーターの種類

　ミネラルウォーターは、地下水から製品化される。ミネラルウォーターは、農林水産省のガイドラインによって「ナチュラルウォーター」「ナチュラルミネラルウォーター」「ミネラルウォーター」「ボトルドウォーター」の 4 種類に分類される。ミネラルウォーターは、カルシウム・マグネシウムの含有量によって、軟水と硬水に分けられる。日本は軟水が多い。

　含まれているミネラルの成分（種類・含有量）は、ミネラルウォーターによって異なる。ミネラルの成分は、ペットボトルなどのラベルに表記されている。

　・ナチュラルウォーター：沈殿・濾過・加熱殺菌以外の処理がされていないもので、ミネラルが含まれるものと含まれないものがある。

・ナチュラルミネラルウォーター：ナチュラルウォーターの中でミネラルが含まれているもので、天然水とも呼ばれる。ちなみに、サントリーの「南アルプスの天然水」にはナトリウム・カルシウム・マグネシウム・カリウム・リンのミネラルが含まれている。

・ミネラルウォーター：ミネラル成分の調整、空気の混入、ブレンド、オゾン殺菌などがなされたもの。地下水に人工的に手を加えている。

・ボトルドウォーター：ボトルに入っているもので、純水（ミネラルや不純物を散り除いて加熱・殺菌したもので、実験や精密機器の洗浄、乳児の離乳食やミルクなどに使われる）、蒸留水（純水の1つで、水蒸気を冷やして作られる）、水道水などがある。

① 　水道水とミネラルウォーターの規格基準

　水道水の水質基準が51項目、ミネラルウォーターの規格基準が41項目（殺菌・除菌ありの場合。殺菌・除菌なしの場合は16項目と少ない。）と、項目は水道水が多い。

　水道水の「水質基準項目と基準値」は水道法、ミネラルウォーターの「規格基準」は食品衛生法で定められている。また、水道水には水質管理上留意すべき項目「水質管理目標設定項目（27項目）と目標値」が定められている。その中の「農薬類」には、114種類の「対象農薬リスト」が示されている。このリストがあるのは、農薬による汚染を想定・危惧しているからにほかならない。さらに、毒性評価が定まらないことや浄水中の存在量が不明等の理由から、「水質基準項目」及び「水質管理目標設定項目」に分類できない「要検討項目と目標値（45項目）」が示されている。

　水道水には51項目の「水質基準項目と基準値」、27項目の「水質管理目標設定項目と目標値」、114種類の「水質管理対象農薬リスト」、45項目の「要検討項目と目標値」があることをどのように考えたらよいのだろうか。これだけ水質がしっかり管理されているともいえるし、これだけチェックしなければならないほど水質が汚染されているともいえる。いずれにしても、河川やダム湖の水が汚染されているのは事実である。

飲料水は水道水であれ、ミネラルウォーターであれ、有害なものが基準値以内に収まっていればよいわけではない。含まれていないにこしたことはない。

・水道水の水質基準

水道水の水質基準は、以下の51項目によって定められている。

一般細菌、大腸菌、カドミウム及びその化合物、水銀及びその化合物、セレン及びその化合物、鉛及びその化合物、ヒ素及びその化合物六価クロム化合物、亜硝酸態窒素、シアン化物イオン及び塩化シアン、硝酸態窒素及び亜硝酸態窒素、フッ素及びその化合物、ホウ素及びその化合物、四塩化炭素、1,4ジオキサン、シス-1,2-ジクロロエチレン及びトランス-1,2-ジクロロエチレン、ジクロロメタン、テトラクロロエチレン、トリクロロエチレン、ベンゼン、塩素酸、クロロ酢酸、クロロホルム、ジクロロ酢酸、ジブロモクロロメタン、臭素酸、総トリハロメタン、トリクロロ酢酸、ブロモジクロロメタン、ブロモホルム、ホルムアルデヒド、亜鉛及びその化合物、銅及びその化合物、ナトリウム及びその化合物、マンガン及びその化合物、塩化物イオン、カルシウム・マグネシウム等（硬度）、蒸発残留物、陰イオン界面活性剤、ジェオスミン、2-メチルイソボルネオール、非イオン界面活性剤、フェノール類、有機物（全有機炭素（TOC）の量）、pH値、味、臭気、色度、濁度。

この中の、大腸菌、味、臭気の3項目以外は基準の数値が示され、それ以下となっている。大腸菌は「検出されないこと」、味と臭気は「異常でないこと」になっている。

・ミネラルウォーターの規格基準（化学物質等の成分規格）

ミネラルウォーターの規格基準は、以下の41項目である。ただし、41項目は「殺菌・除菌あり」の場合で、「殺菌・除菌なし」の場合は16項目になっている。アンダーラインは「殺菌・除菌なし」の場合の16項目を示す。

カドミウム、四塩化炭素、1,4-ジオキサン、シス-1,2-ジクロロエチレン及びトランス-1,2-ジクロロエチレン、ジクロロメタン、テトラクロロ

エチレン、トルクロエチレン、ベンゼン、塩素酸、臭素酸、ホルムアルデヒド、銅、シアン（シアンイオン及び塩化シアン）、クロロホルム、ジブロモククロロメタン、ブロモジクロロメタン、ブロモホルム、総トリハロメタン、1, 2-ジクロロエタン、トルエン、亜塩素酸、ジクロロアセトニトリル、残留塩素、亜鉛、味、臭気、色度、濁度、有機物等（過マンガン酸カリウム消費量）、有機物等（全有機炭素）、硫化物、水銀、鉛、ヒ素、六価クロム、硝酸性窒素及び亜硝酸性窒素、フッ素、マンガン、セレン、バリウム、ホウ素。

　この中の、味、臭気、有機物等（過マンガン酸カリウム消費量）、硫化物の4項目以外は基準の数値が示され、それ以下となっている。味と臭気は「異常でないこと」になっている。

　②　水道水やミネラルウォーターとの関わり方

　・水道水

　水道水は配管や浄化槽を介すので、古い配管による錆の発生、浄化槽の管理ふじゅうぶんによる虫やゴミの混入なども報告されている。集合住宅に住む場合は、浄化槽の管理が徹底しているか、水質検査が定期的になされているかが重要である。

　また、トイレ・風呂・洗濯などの水はそのままでもかまわないが、飲用する場合は浄水器や整水器を介したい。浄水器は、塩素や有害物質を除去する。整水器は浄化した水を更に電気分解し、pHを調整したアルカリや酸性の電解水を作る。浄水器も整水器も、性能や価格はさまざまである。設置する場合は、きちんと調べて、ニーズに合致するものを購入したい。ただし、浄水器や整水器は管理をしっかりしないと水質を悪化させるので、設置していることで安心してはならない。

　・ミネラルウォーター

　ミネラルウォーターは大きく4つに分類できるが、ミネラルウォーターを名乗る商品は千種類くらいあるというから驚きである。ミネラルウォーターには「きれいな水」のイメージがあるが、プラスチックの混入、ベンゼン・発がん物質のトリハロメタン・ホルムアルデヒド・アセトアルデヒドなどが

検出された製品も報告されている。地下水も汚染されていることを考えると、どこの場所から汲み上げたかも重要となる。

　海外製のミネラルウォーターもさまざま輸入されている。日本の規格基準をパスしなければ輸入できないと思われるが、国産・外国産と問わず、日本国内で販売するミネラルウォーターには、規格基準合格証を明示すべきである。

　近年は、ウォーターサーバーを導入する企業や家庭が増えている。冷水も温水もすぐに飲めるようになっているので、便利である。ウォーターサーバーの水も、きちんと調べて導入したい。暖房の効いた部屋への設置も、リスクがないわけではない。出水口（特に温水）まわりは雑菌が好む場所である。そこで、サーバーのこまめな掃除が重要となる。

　かつて、商業施設のトイレや厨房では、一枚のタオルで何人もの人が手を拭くのは不衛生であるとの理由から、温風乾燥機が設置されていた。しかし、温風吹き出し口に雑菌が繁殖することが分かり、現在は使い捨ての紙に代わっている。一定の温度や水気があれば雑菌が繁殖することを忘れてはならない。

　なお、山間部の川や滝などの水を直接飲むのはお勧めできない。動物などが来ているかもしれないし、どんな細菌・微生物などがいるか分からない。そもそも飲めない水かもしれない。かつて山に行ったとき、きれいで、底まで透き通った川に出会ったことがあった。魚もたくさん生息していそうだったが、1匹も見つけられなかった。魚も水性昆虫も水性植物も、酸性が強くて生存できない川だったのである。知らないと、あまりの見た目のきれいさにこの川の水を飲む人がいるかもしれないと思った。危ない、危ない。

（3）　水資源を守る

　水は水質も重要だが、水そのものの確保も心配されるようになってきた。近年、水源であるダム湖の渇水による節水は珍しくない。また、地下水の渇水によって農業に大きな被害が出ている国・地域もある。今の状態が続け

ば、どこの国も海水の淡水化があたりまえになる可能性も否定できない。現状は深刻な状態であることを理解しなければならない。

　世界で使用される水の約7割もが、農作物に使われているといわれている。また、畜産には大量の水と穀物が使われている。肉の消費を減らすことによって、水の消費を減らすことができる。穀物の使用を減らすことによって、減った分を飢餓に苦しむ人に分けることもできる。

　では、水を枯渇させないために、どのような行動が求められるのだろうか。まず、大量生産・大量消費と決別することである。生産・消費が減れば、減った分だけの工業用水や農業用水を節約できる。肉も、大豆などによる人工肉やジビエ（野生の鳥獣の肉）や昆虫などに代えることも検討しなければならない。

　どだい、大規模畜産は広範囲の森林を伐採する。広範囲の伐採は二酸化炭素を吸収する森林の消滅、そこで生きてきた動植物の消滅、河川への土砂や汚水の流入など生態系に重大な被害をもたらす。牛に至っては、温室効果ガスであるメタンガスを多く排出する。肉の消費を減らせば、これらの被害を減少させることができる。温暖化の防止にもつながる。温暖化の防止によって、農地を昆虫などの異常発生や砂漠化などから守ることができる。

　ハウス栽培は露地栽培に比べると、多くの水や暖房を必要とする。ハウス栽培の見直しや縮小も必要である。

　以上から、水を枯渇させないためには、企業はもちろん、それぞれの家庭でも「節水に努める」「食品ロス（食品廃棄）をなくする」「肉食を見直す」などが求められる。子どもは保護者から学ぶので、保護者が率先してこのような行動をとらなければならない。

3　食物とどのように関わればよいか

（1）　人体に必要な栄養素とは

　植物には光合成能力があるので独立栄養だが、人間は他から栄養を補給しなければならない従属栄養である。人間は、水分・タンパク質・脂質・炭水化物・ミネラル・ビタミンなどをバランスよく摂取しなければならない。

　タンパク質は、人体では水分の次に多い。タンパク質は臓器・皮膚・筋肉などの大部分を占め、体の組織をつくる重要な栄養素とされる。タンパク質が不足すると筋肉量の減少、集中力や思考力の低下、肌や髪の異常などが起きるとされる。反対に多すぎると肥満や内臓疲労などが起こるとされる。タンパク質には肉・魚・乳製品・卵などの動物性と、豆類・アスパラガス・ブロッコリー・穀類などの植物性がある。動物性と植物性をバランスよく摂取しなければならない。タンパク質は、一日に 50 ～ 60g 程度必要とされる。

　脂質は、中性脂肪・コレステロール・リン脂質・脂肪酸の 4 つに分けられる。脂質は、エネルギー源や細胞膜やホルモンの材料などになるとされる。脂質を過剰に摂取すると体脂肪として体内に蓄積され、肥満・高脂血症・脂肪肝などの生活習慣病の原因にもなるとされる。反対に脂質が少ないと、脂溶性ビタミンが吸収されにくいのでビタミン欠乏のリスクがあるとされる。脂質は、肉・乳製品・魚などに多く含まれる。一日に総エネルギーの 20 ～ 25％、50g 程度必要とされる。

　炭水化物は、糖質と食物繊維から成る。糖質は脂肪とともにエネルギー源となる。食物繊維は不要な物質の吸収防止、腸内バランスの調整、排泄補助などの役割があるとされる。炭水化物を過剰に摂取すると、中性脂肪として体内に蓄積され、糖尿病の原因にもなるとされる。反対に少ないと、疲労、筋肉量低下による基礎代謝の低下、集中力の低下などがもたらされるとされる。炭水化物は、米・麺類・パンなどの穀類、芋・かぼちゃ・トウモロコシなどの野菜に多く含まれる。一日に総エネルギーの 50 ～ 65％、250 ～ 300g

程度必要とされる。ちなみに炭水化物は、白米茶碗1杯（150g）で55g程度とされる。

　ミネラルは、地球に存在する118の元素のうち、生体を構成する主要4元素（酸素・炭素・水素・窒素）以外の114の元素からなる無機質の総称である。ミネラルそのものにエネルギーはないが、歯や骨の材料、細胞内液と外液のバランス調整、細胞の浸透圧の維持、神経や筋肉の興奮伝達、筋肉の収縮、酸素運搬、糖や脂質の代謝、抗酸化機能、甲状腺ホルモンの材料など、体の組織をつくったり体の調子を整えたりするために欠かせないとされている。ミネラルは、肉・魚・野菜・海藻・塩などに含まれる。

　厚生労働省の健康増進法施行規則では摂取が望ましい「必須ミネラル」として、ナトリウム・カリウム・カルシウム・マグネシウム・リン・鉄・亜鉛・マンガン・ヨウ素・セレン・モリブデン・クロム・銅の13挙げている。この13のミネラルは、1日の摂取目安が100mg以上必要な「多量ミネラル」と、100mgに満たない「微量ミネラル」に分けられる。「多量ミネラル」はナリウム・カリウム・カルシウム・マグネシウム・リンの5つ、残り8つの鉄・亜鉛・マンガン・ヨウ素・セレン・モリブデン・クロム・銅は「微量ミネラル」に分類される。

　これらのミネラルは、欠乏しても過剰しても障害が出るとされる。例えば、ナトリウムの過剰摂取は高血圧・脳卒中、カルシウムの欠乏は骨軟化症・歯質低下・骨粗鬆症・高血圧、マグネシウムの過剰摂取は下痢・便秘、鉄・銅の欠乏は貧血、亜鉛の欠乏は皮膚炎・味覚障害・免疫力低下・肌荒れ、マンガンの欠乏は骨の異常、ヨウ素の過剰摂取は甲状腺機能低下をもたらすとされる。これらは、1例にすぎない。欠乏や過剰摂取を避けてバランスよく摂取しなければならない。人体に必要なミネラルの全てを含む食品はないので、できるだけ多くの種類の食品を摂取しなければならない。

　例えば、トマトに含まれるミネラルは、ナトリウム・カリウム・カルシウム・マグネシウム・リン・鉄で、中でもカリウムが圧倒的に多い。バナナに含まれるミネラルは、ナトリウム・カリウム・カルシウム・マグネシウム・リン・

鉄・亜鉛・マンガンでカリウムが圧倒的に多い。ゆでたホウレンソウに含まれるミネラルは、ナトリウム・カリウム・カルシウム・リン・鉄でカリウムが圧倒的に多い。

　多量ミネラルであるナトリウムが多く含まれる食物は、漬け物・塩から・梅干し・ラーメン・味噌汁・パン・タラコなどである。ナトリウムはほとんどの食物に含まれているため、欠乏よりも過剰摂取に気をつけなければならない。カルシウムの多い食物は、魚介類・豆腐や納豆などの大豆製品。マグネシウムの多い食物は、海藻類・干しエビ・きな粉など。リンの多い食物は、しらす干し・プロセスチーズ・卵黄・いくら・ベーキングパウダー・脱脂粉乳など。微量ミネラルが含まれる食物は省略する。

　ビタミンは、他の栄養がうまく働くための補酵素として必要とされる。ビタミンは原則として体内で作ることができないので、主として食物から摂取しなければならない。ビタミン剤などのサプリメントで補うこともある。ビタミンが不足すると疲労などが出るとされる。脚気の原因が、B_1の不足であることはよく知られている。A・D・Kを過剰摂取すると、頭痛・食欲不振・血液凝固障害などが起こるとされる。ビタミンには、A・E・C・D・P・B_1・B_2・B_{12}・B_6・βカロチン・ナイアシン・パントテン酸・葉酸などがある。B_1は肉・豆類・玄米・牛乳・緑黄野菜など、B_2は肉・卵黄・緑黄野菜など、B_6及びB_{12}はレバー・魚・卵など、Aはレバー・卵・緑黄野菜など、Dは魚・キノコ類など、Eは豆類・穀類・緑黄野菜など、Kは納豆・緑黄野菜などに含まれる。

　個々の食物の細かな成分をいちいち覚える必要はないし、覚えられない。しかし、大まかに覚えても損はない。摂取する食物が偏ることを避け、できるだけ多くの種類の食物を摂取することが重要である。多くの種類の食物を摂取することをふだんから意識すれば、実行することは決して難しくない。

　また、食物を考える場合、「有害な細菌や化学物質の入っていない食物の摂取」「バランスのよい食物の摂取」「地球環境にあまり負荷をかけないで生産された食物の摂取」の３点が重要であろう。

（2）　ミネラルの摂取が欠かせない

　胎児を包んでいる母体の羊水の成分が古代海水とほぼ同じ塩分濃度で弱アルカリ性であること、海水と羊水や血液のミネラルの成分組成が極めて類似していることが知られている。

　海の最深部が 10,911m、陸上で最も標高の高いエベレストが 8,848m とされるので、地球には相当な深さと高さがあるように思われる。海の最深部 10,911m と陸の最高部 8,848m を合わせると 19,759m なので、凹凸の差が約 20km にもなる。しかし、地球の半径が約 6,400km もあることを考えると、20km は 6,400km の 320 分の 1（0.003％）にすぎない。それだけ、地球は大きい。

　海はどれくらいの深さまで生物が存在しているかは分からないが、深海にも生物が多く存在している。地球の表面の厚さをいくらにするかはともかく、地球の厚さ 20km に及ぶ表面（陸・海・川・湖）には多くの生物が存在している。海底より深い所にも生物の存在が確認されている。なお、海水は地球の表面積の約 70％、地球上の水の 97.5％占めると言われている。そして、海水の体積は 13.7 億 km³ 程度にもなるといわれている。地球には、想像すらつかない海水の量がある。

　①　ミネラルの摂取には海水も重要である

　海水は水とミネラルから成る。ミネラルを含まない純水は人工的に精製することが可能だが、真水にもミネラルが含まれている。海水のミネラルは 90 種類程度確認されているが、未確認のものを含めると、海水には地球上のあらゆる種類のミネラルが溶け込んでいると考えられる。

　厚生労働省の健康増進法施行規則では、亜鉛・カリウム・カルシウム・クロム・セレン・鉄・銅・ナトリウム・マグネシウム・マンガン・モリブデン・ヨウ素・リンの 13 元素を必須ミネラルとしている。この 13 以外に、ほ乳類に必須ミネラルとして、ケイ素・バナジウム・コバルト・ニッケル・ヒ素・錫・鉛・フッ素・リビジウム・硫黄を加えて 23 とする場合もある。さらに、必須と考えられる候補に、リチウム・ベリリウム・ホウ素・アルミニウム・

ゲルマニウム・臭素・ストロンチウム・銀・カドミウム・アンチモン・セシウム・バリウム・タングステン・金・水銀なども挙げられる。これらを合わせても、38元素程度にすぎない。38元素は、当然ながら人体に含まれる元素の中では多い元素である。チタン・水銀・金なども、やや多いグループである。おそらく100種類以上の元素があってどの元素も必要なのに、38元素程度に留まっているのは、「必須元素」及び「必須と考えられる元素」が一部よりも証明できていないためと考えられる。どの元素も過剰に摂取すると毒になるが、ヒ素・カドミウム・水銀・鉛なども人体には必要な元素とされる。

研究者によって人体に必須及び必須と考えられるミネラルは微妙に異なるが、海水のミネラルの成分組成と羊水などの元素を考えると、100元素以上のあらゆる元素が人体に必要と考えるのが自然であろう。

海が隆起した陸にも塩（岩塩）が存在する。海水の水分が抜けて結晶化した岩塩に、ミネラルが存在するのは当然である。地表・地中の塩を探して摂取する動物も多い。

② 食品からミネラルを摂る

食品にもミネラルは存在する。例えば、ホウレンソウにはカリウム・カリウム・マグネシウム・ナトリウム・鉄など、蒸したジャガイモにはカリウム・マグネシウム・リンなど、真サバ焼きにはカリウム・リン・ナトリウム・マグネシウム・ヨウ素・セレンなど、赤肉のとんかつにはカリウム・リン・ナトリウム・マグネシウム・カリウム・セレン・モリブデンなどが含まれる。このように我々が食する穀類・豆類・野菜類・キノコ類・肉類・魚類・果実類・卵類・芋類・藻類・乳類などにもさまざまなミネラルが存在する。しかし、1つの食品に含まれるミネラルの種類は限られる。種類の多さは、海水にはかなわない。

③ 塩からミネラルを摂る

ミネラルの豊富さを考えると、海水をそのまま摂取してもよさそうだが、海水の塩分濃度が約3.5％なのに対して、人体は約0.9％なのでそうはいかな

い。

　海水は水分が約 96.5 %、ミネラルが約 3.5 % である。ミネラルは塩化ナトリウムの約 77.9 % が一番多く、塩化マグネシウムが約 9.6 %、硫酸マグネシウムが約 6.1 %、硫酸カルシウムが約 4.0 %、塩化カリウムが約 2.1 %、その他が約 0.3 % とされる。海水を天日で濃縮して水分を蒸発させると、塩化ナトリウムの結晶ができる。そして、水のような「にがり」が残る。にがりには、塩化ナトリウム以外のミネラルがさまざま含まれている。

　1997 年に塩の専売制度が廃止されてから、国内では内外のさまざまな塩が流通している。国産の塩もいろいろあるが、イタリア・チリ・ドイツ・ボリビア・中国・ペルー・フランス・アメリカ・インドネシア・キリバス・スペイン・ベトナム・ポルトガル・イスラエルなどからの輸入も多い。

　塩の原料は「岩塩・海水・湖塩」の 3 つに分類される。そして、原料から作られる塩は、次の 3 つに分けられる。

・粉砕塩〜かん水（濃い塩水のこと）をせんごう（加熱して煮詰めること）したもの。
・せんごう塩〜かん水を天日で濃縮したり加熱したりして結晶化したもの。
・天日塩〜加熱しないで結晶化したもの。
　そして、それぞれ次のように分けられる。
・粉砕塩〜材料によって、岩塩・湖塩・輸入天日塩加工塩に分類される。
・せんごう塩〜かん水の製造法によって、イオン交換膜かん水せんごう塩・岩塩かん水せんごう塩・天日かん水せんごう塩・湖塩かん水せんごう塩・輸入天日塩かん水せんごう塩に分類される。
・天日塩〜かん水によって、岩塩かん水天日塩・海水天日塩に分類される。

　日本で作られている塩の約 90 % は、イオン交換膜製塩法で作られているとされる。一方、イオン交換膜によらない従来からの海水塩田濃縮法（藻塩焼き・揚浜式塩田・入浜式塩田・流下式など）がある。イオン交換膜製塩法

は海水塩田濃縮法に比べると、カルシウムとマグネシウムが30％程度に減り、逆にカリウムが2.5倍とされる。塩化ナトリウムの純度は、イオン交換膜による製塩が約99.6％、海水塩田濃縮法が約95％とされる。海水塩田濃縮法の塩化ナトリウムの純度が低いのは、イオン交換膜よりも水分とにがり（ミネラル）が多いからである。海水塩田濃縮法にミネラルが多いのは、塩化ナトリウムの結晶の周りににがり成分が残っているからである。

　イオン交換膜製塩とよく知られているケランド（フランス）の天日塩を比較すると、ケランドの天日塩のほうがイオン交換膜製塩よりも、「臭化物イオン・塩化カルシウムが少ない」「リチウムは同じくらい」「不溶解分・ホウ素・ストロンチウム・マグネシウム・硫酸イオン・硫酸カルシウム・硫酸マグネシウムが多い」「イオン交換膜製塩には含まれないリン酸塩・アルミニウム・ヒ素が含まれる」「イオン交換膜製塩にはあまり含まれないクロム・マンガン・鉄・亜鉛が含まれる」とされる。

　イオン交換膜かん水せんごう塩は水銀やPCBなどの有害物質を除去するが、天日塩に比べるとミネラルの種類や含有量は少ない。

　海水を平釜で煮詰めた「せんごう塩」の一つである「沖縄のあら塩」には、100gあたり塩化ナトリウムが91.9g、カルシウムが110〜320mg、カリウムが40〜120mg、マグネシウムが160〜380mgと表示されている。オーストラリアの天日塩「南の極み」には、100gあたり塩化ナトリウムが99.8g、カルシウムが39mg、カリウムが14mg、マグネシウムが5mgと表示されている。また、イオン交換膜かん水せんごう塩である塩事業センターの食塩の％成分をgに直すと、塩化ナトリウムが99g、カルシウムが0.2mg、カリウムが250mg、マグネシウムが0.2mgになっている。

　また、食品の国際規格（CODEX）ではヒ素・銅・鉛・カドミウム・水銀の5つが有害元素とされ、1kgあたりの上限が定められている。ヒ素は軽金属だが、銅・鉛・カドミウム・水銀は重金属である。ここに挙げられている元素は、公害の原因としてよく知られている。

　塩の原料は山・湖・海などだが、採取場所の汚染なども考えなければなら

ない。ごく一部だが、内外の塩から基準値以上の数値、もしくは基準値に近い数値が検出されている元素もある。これだけ多くの種類の塩が出回ると、国として塩の品質基準を定め、品質管理を徹底していかなければならない。

　多くの種類からどの塩を選ぶかは難しいが、現状では品質管理がしっかりしている天日塩が望ましいのではないだろうか。

　④　海産物からミネラルを摂る

　海草は丁寧に洗ったり、煮たりするとあまり海水の成分は残らない。しかし、海から採取したままだったり、そのまま乾燥させたものには海水の成分が少し残っている。海水の成分が残っている海草からは、海水の成分も微量ながら摂取することができる。よって、昆布でだしをとる、海草（わかめ、ひじき、のり、海ぶどう、もずく等）を積極的に食べるようにしたい。牡蠣やホヤなども内部に海水が残っていることがあるので、海水の成分もいっしょに摂取することができる。

　⑤　にがりはミネラルの宝庫

　海水から水分を蒸発させると、塩化ナトリウムが結晶化する。塩化ナトリウムを取り出したあとの液体が「にがり」である。「にがり」には、塩化カリウム・塩化マグネシウム・塩化カルシウム・リン・銅・亜鉛・鉄・マンガンなどのミネラルが豊富に含まれている。にがりは市販されている。ただし、「塩化マグネシウム」だけなのに「にがり」と表示しているものもある。「天然にがり」を炊飯時や味噌汁などに数滴入れたり、1,000倍くらいに薄めて飲んでもよいとされる。

　ただし、「にがり」には下剤効果もあるので注意しなければならない。「にがり」がよいからと言って、過剰な摂取は有害である。「にがり」の摂取は微量に留めなければならない。

　市販されている豆腐には、「にがり使用」とか「天然にがり使用」の表示がされている。しかし、原材料の成分をみると、「塩化マグネシウム」と書かれている豆腐が少なくない。豆乳は、塩化マグネシウムによって凝固する。塩化マグネシウムは苦くないので、豆腐を水にさらす必要がない。豆腐

製造業者にとっては、扱いやすく、都合がよい。

　一方、塩化マグネシウム以外のミネラルも含まれる「にがり」は苦いので、水にさらさなければならない。豆腐を水にさらしても、にがり成分を100％水で洗い流すことはできないので、にがり成分の一部が残る。にがりには多様なミネラルが含まれているので、天然にがりを使った豆腐にはミネラルが若干含まれている。よって、健康を考えると、天然にがりを使った豆腐のほうがよいと思われる。

　鍋や釜が鉄製のものしかなかったときは、鉄分が水に溶けるので自動的に鉄分が摂取されていた。なお、人間はミネラルだけではなく、水分・タンパク質・脂質・炭水化物・ビタミンなども摂取しなければならない。そのためには、できるだけ多くの種類の食品を摂取しなければならない。

　食品にもさまざまなミネラルが含まれているので、にがりのみに頼ってはいけない。

（3）　有害な細菌や化学物質が含まれていない食物を摂取する

　工場排水による河川汚染、放射能汚染、農薬・肥料による化学物質汚染、畜産・養殖などの抗生物質等汚染、添加物汚染など、食物はさまざまな汚染のリスクを抱えている。その現状を分析しながら、安全で環境に優しい食物をどのように見極めて摂取すればよいのかを考えてみたい。

　子どもは自ら安全で環境に優しい食物を選ぶことはできないので、大人が選ばなければならない。そして、日常の食生活を通して、子どもに安全で環境に優しい食物を摂取することの大切さと見極め方を培っていかなければならない。

　①　どのような農作物を摂取すればよいか

　農作物には、穀類・野菜・果物がある。無農薬・無肥料・不耕運などの自然農法もあれば、有機栽培をうたっているものもある。しかし、大半の農作物は農薬や化学肥料を使用している。長年の農薬の使用は、土壌に残留し続けている。有害な残留農薬が、農産物から検出される例も報告されている。

しかし、一部の農産物は栽培履歴が分かるようになっていたり、検査も行われているようだが、水道水のように全ての農産物が農薬の残留濃度を検査しているわけではない。

　ア　農作物の栽培場所

　農作物は水耕栽培もあるが、土のある農地（ハウスを含む）で栽培される物が圧倒的に多い。そこで、農地が有害物質で汚染されていないかが重要となる。

　農地汚染の例では、富山県の神通川流域で発生したイタイイタイ病が知られている。イタイイタイ病は、岐阜県の鉱山の精錬所からカドミウムを含む未処理の排水が田んぼに溜まったことによる。米がカドミウム（カドミウム米）で汚染されたのである。

　環境省は土壌環境基準として、カドミウム・有機リン・PCB などの 29 元素について、「環境上の条件」と「測定方法」を示している。例えば、カドミウムの環境上の条件には「検液 1L につき 0.01mg 以下であり、かつ、農用地においては、米 1kg につき 0.4mg 以下であること」とある。

　土壌汚染は有害物質が農作物に取り込まれるだけでなく、地下水の汚染にもつながるので深刻な問題である。2003 年に施行された土壌汚染対策法では、土壌汚染の可能性が高い土地は指定調査機関に調査を依頼して、その結果を都道府県知事に報告しなければならないことになっている。そして、土壌汚染が指定基準を超過した場合は汚染区域として指定されるとともに、汚染を除去しなければならない。汚染の除去によって、区域指定が解除となる。

　残念ながら、通常の農地は水道水のような詳細な検査は義務化されていないので、有害物質の有無や濃度は不明である。定期的な検査の義務化が望まれる。

　外国産農産物の中には、基準値を超える有害な物質が検出されることがある。その原因が、農薬なのか、土壌なのかはよく分からない。

　農産物の産地は、外国の場合は原産国、国内産の場合は都道府県名（市町村名その他一般に知られている地名を原産地として記載することができる）

を表示しなければならないことになっている。また、2015 年に改正された食品表示基準（経過措置期間は 2020 年 3 月まで）では加工食品も原料原産地を表示しなければならなくなった。遅きに失したが、当然のことである。

　中国では、日本の高価な農産物が富裕層中心に売れているといわれている。中国産の農産物から有害な物質を摂取するリスクを回避しているからだとされる。

　国内産も全ての農産物に対して、出荷時に残留有害物質の詳細な検査をしているわけではない。外国産も一部の農産物を抜き打ちで検査することはあっても、全ての農産物を検査しているわけではない。また、飲食店で提供される調理品に至っては、使用している農産物の原産国を表示している飲食店もあるが、表示していない飲食店が多い。

　消費者は家庭菜園などで自給している場合を除けば、どこで収穫された農産物を摂取すればよいのだろうか。あまりに安価な場合は、その理由を調べる。規格外の場合は安価になるので、安価が全て悪いわけではない。偽表示を見抜くことは難しいが、表示の内容を確かめる。そして、表示されている情報を手がかりに調べ、更なる情報を入手する。また、信頼できる生産者から直接購入したり、信頼できる販売業者から購入する方法もある。

　いずれにしても、安全にリスクのある農産物が存在する以上、リスクを回避するためにはできるかぎり調べて入手するしかない。見た目や価格だけで判断してはならない。

イ　有機栽培

　穀物・野菜・果物は、栽培と非栽培に分けられる。山菜・キノコなどは栽培物と非栽培物の両方出回っている。さらに、土を使う栽培には耕運栽培と不耕運栽培があり、土を使わない水耕栽培もある。また、肥料を使う栽培は有機質の肥料を使う有機栽培と無機質の肥料を使う無機栽培に分けられる。

　有機栽培には、堆肥・魚粉・油かす・大豆かす・骨粉・鶏糞灰など有機質の肥料が使われる。有機質の肥料には土壌中の微生物や保水力の増加、肥料効果の緩効性などのメリットもあるが、速効性の欠如や扱いにくさなどのデ

メリットがあるとされる。

　一方、無機栽培には、硫酸アンモニウム・過リン酸石灰・塩化カリウムなどの無機質の化学肥料が使われる。無機質の肥料には速効性や生産性の向上、扱いやすいなどのメリットもあるが、土壌中の微生物減少や環境への負荷などのデメリットがあるとされる。即効性・生産性・扱いやすさを優先する生産者は、無機質の化学肥料を好んで使用する。

　また、肥料を使う場合は「有機質肥料のみ」「無機質の化学肥料のみ」「有機質肥料と無機質の化学肥料の両方」がある。

　水耕栽培は無機質の化学肥料を水に溶かすので、無機栽培となる。肥料をいっさい使わない無施肥では、無農薬・不耕運・不除草と合わせた自然農法もある。

　露地栽培が多いが、温度管理を主としたハウス栽培や光（紫外線）まで管理した屋内栽培がある。屋内栽培は大企業も進出しているので、今後ますます増加すると思われる。ハウス栽培や屋内栽培は害虫となるチョウなどの飛来を防ぐことができるが、暖房の燃料消費などの課題もある。水耕栽培は土を使わないので、土が原因の病害菌や病害虫などから守ることができるが、生物多様性から乖離（かいり）するなどの課題もある。

　有機栽培にはよいイメージがある。有機栽培は、狭義には有機質の肥料を使った栽培になるので範囲が広くなる。有機質の肥料のみの場合もあるし、無機質の化学肥料との併用も有機栽培になってしまうからである。国は1992年に有機農産物の表示に関するガイドラインを作成したが、「有機」や「減農薬」などの表示が氾濫していた。そこで、表示の適正化を図るために、1999年にJAS法を改正している。さらに、2001年からは、「有機JAS規格」に合格しなければ「有機」や「オーガニック」と表示することはできなくなっている。

　JAS法改正に先立つ1992年には、「特別栽培農作物に係わる表示ガイドライン」が定められている。ガイドラインを要約すると、特別栽培農作物を「節減対象農薬（化学合成農薬から有機農産物JAS規格で使用可能な化学合

成農薬を除いたもの）及び化学肥料の窒素成分量が慣行のレベルの５割以下で栽培された農作物」としている。特別栽培農作物の米は「特別栽培米」と呼ばれる。特別栽培農作物を簡単にいえば、農薬や化学肥料を減らしたり、使わなかった作物である。ただし、「特別栽培農作物」の名称では、農薬や化学肥料を減らしたり、使わなかった作物であることがイメージできない。名称の再考が求められる。

　特別栽培農作物であることを表示する場合は、「農薬や化学肥料をどれくらい減らしたか」「生産者・輸入業者の連絡先など」を記載しなければならない。そして、農薬・化学肥料不使用の場合と、減じた場合の表示も決められている。

　・不使用の場合の表示：「農薬：栽培期間中不使用」「節減対策農薬：栽培
　　期間中不使用」「化学肥料（窒素成分）：栽培期間中不使用」

　・減じた場合の表示：「節減対策農薬：当地比○割減」又は「節減対策農
　　薬：○○地域比○割減」、「化学肥料（窒素成分）：当地比○割減」又は
　　「化学肥料（窒素成分）：○○地域比○割減」。節減対策農薬を使用した
　　場合は、枠外に使用した農薬の名称・用途・使用回数を表示しなければ
　　ならない。スペース上表示できない場合は、内容を確認できるホーム
　　ページ（アドレス）などの情報入手の方法を表示しなければならない。

　特別栽培農作物の表示例から分かるように、「無農薬」「無農薬栽培農産物」「減農薬栽培農産物」「無化学肥料栽培農産物」「減化学肥料栽培農産物」「天然栽培」「自然栽培」などの表示はガイドラインに違反になる。農薬をいっさい使わない場合は「無農薬」の表示で問題なさそうに思われるが、農薬を使っていないことの証明の難しさ、近隣の農地からの飛散がないことの証明の難しさ、農薬不使用なのに残留農薬の検出例などから、「無農薬」の証明が難しいからである。

　残留農薬の検査は自治体でも少しは行われていると思われるが、現状は一部の生産者・市場・販売業者などが行っているにすぎない。残念ながら、残留農薬不検出の農産物を入手するには消費者がパソコンなどを駆使して探す

しかない。

　有機栽培は、有機質の肥料を使うだけではない。2006 年の「有機農業の推進に関する法律」では、有機農産物生産の原則を「①農業の自然循環機能の維持増進を図るため、化学的に合成された肥料及び農薬の使用を避けることを基本として、土壌の性質に由来する農地の生産力を発揮させるとともに、農業生産に由来する環境への負荷をできる限り低減した栽培管理方法を採用したほ場において生産されること。②採取場（自生している農産物を採取する場所をいう。以下同じ）において、採取場の生態系の維持に支障を生じない方法により採取されること」としている。そして、有機農産物として認められる生産方法の基準を定めている。

　基準の詳細は割愛するが、「使用禁止資材が飛来しないほ場」「農地の生産力の維持増進」「遺伝子組み換え種子苗の不使用」「化学的肥料・農薬の原則不使用（例外的に農薬を使わなければならない場合の農薬の指定）」「放射線非放射」などの基準がある。そして、「肥料及び土壌改良材」などの基準も示されている。

　このように、国が定める有機農産物（有機栽培農産物・有機栽培・有機・オーガニック）は、単に有機物の肥料をしている農産物を指すのではなく、「化学肥料や農薬の原則不使用」や「農地の生産力の発揮」「環境に対する負荷の低減」「生態系の維持」などが条件になっている。つまり、人間が摂取しても安全であることのみならず、持続可能な地球環境に対する配慮も求めている。ならば、「有機農産物」や「有機 JAS 規格」の「有機」が全面に出る名称は望ましくないのではないだろうか。例えば、「有機 JAS 規格」ではなく「農産物 JAS 規格」などが考えられる。

　国の基準である「有機 JAS 規格」に合格すれば、「有機 JAS マーク」をつけることができるようになっている。「有機 JAS マーク」は、農薬や化学肥料などの化学物質に頼らずに自然界の力で生産された農産物・加工食品・飼料・畜産物に対して、登録認定事業者が行う審査・検査によって規格を満たせば認定される。認定後も、最低 1 年に 1 回の調査が義務づけられてい

る。

　国内産の農作物は、2001年からの「有機JAS規格」によって安全をそれなりに担保できるようになった。世界的には、国連食料農業機関が農作物の安全を認証する「グローバルGAP」がある。海外産の農作物を購入する場合は、「グローバルGAP」認証を取得しているものを購入すると安全をそれなりに担保できる。「グローバルGAP」認証を取得すれば、輸出の道も開ける。

　「有機JASマーク」や「グローバルGAP認証」の基準が厳しいと考えるか、それともまだまだ甘いと考えるかによって、「有機JASマーク」や「グローバルGAP認証」の付いた農産物の評価は変わると思うが、現状ではベターな選択であろう。また、「有機JASマーク」や「グローバルGAP認証」の基準よりも厳しい基準で取り組んでいる生産者もいる。このような生産者が生産した農作物に出会えればラッキーである。いずれにしても、消費者として安全で環境にも優しい農作物を入手する努力を怠ってはならない。

　②　どのような畜産物を摂取すればよいか

　私たちは、動物性タンパクを肉・卵などから摂取する。野生の鳥獣（猪（いのしし）・鹿・鳥など）から摂取するジビエ料理もあるが、飼育されている牛・豚・鳥などが圧倒的多い。そこで、飼育されている牛・豚・鳥などの飼育状況が気になるところである。最近では、ニワトリのゲージ飼育が動物福祉の観点から話題になっている。

　動物の飼育では、動物に優しい環境で飼育されているか、安全な飼料が与えられているか、有害な医薬品が多用されていないか、ストレスを与えない環境で飼育されているか、環境に優しい飼育方法かが重要である。食の視点では安全、動物の視点ではストレス、地球環境の視点では環境への負荷を考えなければならない。

　ア　どのような飼料が与えられているか

　草食性家畜には牛・羊など、雑食性家畜には豚・ニワトリなどがある。家畜によって与える飼料は異なる。日本には、日本飼養標準（家畜の栄養摂取

基準）がある。トウモロコシやオオムギなどの繊維質の豊富な粗飼料の自給率は70〜80％程度だが、タンパク質の多いトウモロコシや大豆などの濃厚飼料の自給率は10％程度にすぎない。

　濃厚飼料を必要とする豚やニワトリは海外の飼料に大きく依存しているので、その品質管理も重要である。自給率が比較的高いトウモロコシやオオムギなども、残留農薬などのチェックが重要である。

　さらに、飼料の安全を確保するための「飼料の安全性の確保及び品質の改善に関する法律（通称、飼料安全法）や家畜ごとの「飼養衛生管理基準」がある。

　また、農作物で紹介した「有機JAS規格」は、飼料や畜産物も対象になっている。飼料の「有機JAS規格」では「有機飼料の日本農林規格」が定められ、有機飼料生産の方法として、「原材料」「原材料の割合」「製造、加工、包装、保管その他の工程に係わる管理」の3項目で基準が示されている。詳細は省略するが、「有機農産物の使用」「組換えDNA技術の不使用」「放射線非照射」「物理的又は生物の機能利用で効果が不十分な場合の薬剤・添加物の指定」などが示されている。

　「有機畜産物の日本農業規格」では、有機畜産物の飼養及び生産の方法として、7項目で基準が示されている。詳細は省略するが、「飼料と新鮮な水を自由に摂取できる」「適度な温度、湿度、通風、換気及び太陽光による明るさの保全」「清掃又は消毒に使用可能な薬剤」「家畜が横臥可能な清潔で乾燥した床の確保」「家畜1頭あたりの床面積」「化学処理・組換えDNA技術・放射線照射がなされていない飼料」「要診察薬品・抗生物質の使用基準」「受精卵移植技術・ホルモンを用いた繁殖技術・組換えDNA技術を用いた繁殖技術の禁止」などが示されている。さらに、「肥料及び土壌改良材」「農薬」「平均採食量」「畜舎又は家きん舎の最低面積」「野外の飼育場の最低面積」「薬剤」などの基準も示されている。

　有機畜産物生産方法の基準のポイントは、「飼料は主に有機飼料を与える」「野外への放牧などによってストレスを与えない」「抗生物質等を病気の予防

では使用しない」「遺伝子組換え技術を使用しない」の4点にまとめることができる。

　これらの基準は必ずしも理想的なものとはいえないが、基準があることによって安全な畜産の生産がある程度担保できるのも事実である。ただし、これらの基準が全て守られている保証はない。

　そこで消費者は農産物と同様に、少なくとも「有機JASマーク」や「グローバルGAP認証」の付いた畜産物を購入して摂取するのが現状ではベターな選択であろう。

　ジビエ（鹿・猪・雉・鴨・兎・熊などの野生鳥獣肉）は抗生物質などの心配はないが、必ずしも安全とはいえない。日本は中国などと比べると、食べているジビエの種類が限定されているので中国ほどのリスクはないと思われるが、ジビエには気をつけなければならいとされる。ウイルス・寄生虫・マダニ・大腸菌の存在が指摘されているからである。生肉は厳禁である。特に、哺乳類・鳥類はリスクが大きいとされる。また、福島原発による放射能放出もあるので、狩猟場所・時期も考慮しなければならない。なお、中身は省略するが、厚生労働省は「野生鳥獣肉の衛生管理に関する指針（ガイドライン）」を定めている。

　家畜の生産者の中には、「有機JASマーク」や「グローバルGAP認証」の基準よりも厳しい基準で取り組んでいる人もいる。このような生産者が生産した畜産物を探す努力も惜しんではならない。

　③　どのような水産物を摂取すればよいか

　水産物には海水産（海面）と淡水産（内水面）があるが、圧倒的に海水産が多い。さらに、水産物には天然物と養殖・栽培物がある。養殖も、海・沼・池などもあれば陸上もある。天然物も養殖・栽培物もどのような環境で、どのように育ったかが重要である。

　なぜなら、天然物だからといって決して安心できない。河川・湖・海の汚染があるからである。まず、熊本県と新潟県で発生した水俣病がよく知られている。熊本県の水俣病は、工場の排水に含まれていたメチル水銀が水俣湾

に流れ出して魚に取り込まれ、その魚を人間が摂取したことによって起きたものである。新潟県の水俣病は、工場の排水に含まれていたメチル水銀が阿賀野川に流れ出してニゴイなどの川魚に取り込まれ、人間が摂取したことによって起きたものである。

　近年では、福島原発事故の放射能による海洋汚染がある。このときは、海産物の検査が行われたので、放射能汚染された海産物は出荷されていない。しかし、広範囲に、しかも未だに収束していないことを考えると、放射能汚染のリスクを完全に消し去ることはできない。

　河川の汚染は河川だけではなく、流れ込む湖や海も汚染する。特に、汚染された河川の河口に近い海岸線は要注意である。

　近年は、プラスチック汚染もある。プラスチック片が、魚の内臓から検出されることがある。そのプラスチックが原因で死ぬ魚もある。また海に流れ着いたプラスチックが細かく分解したマイクロプラスチックがある。マイクロプラスチックを取り込んだ魚を、大型魚類や人間が摂取する食物連鎖がある。

　天然物も海面養殖物も、マイクロプラスチックなどのリスクがある。残留薬品や水質汚染のリスクがある養殖物よりも、残留薬品や水質汚染のリスクがない天然物が、ベターな選択であろう。さらに、天然物を対象としたMSC 認証及び AEL 認証があれば現状ではベストな選択と思われる。MSC認証及び AEL 認証は後述する。

　　ア　どのような水産物が養殖されているか

　養殖には、海・沼・池で行われる「海面養殖（海水）」「内水面養殖（淡水）」と「陸上養殖」がある。

　海面養殖の水産物には、魚ではブリ・ハマチ、マダイ、カンパチ、クロマグロ、トラフグ、ヒラメ、シマアジ、マアジ、ヒラマサ、イシダイ、クルマエビ、カワハギ、メバル、カサゴ、クロダイ、クロソイ、スズキ、チダイ、イサキ、オオニベ、メジナ、マサバ、マハタ、クエ、サバなどがある。貝類には、カキ、ホタテ、アサリ、アワビなどがある。藻類には、ノリ、コンブ、

イワズタ、モズク、ヒジキ、ウミブドウなどがある。その他では、ホヤなどがある。

内水面養殖の水産物には、ウナギ、マス、コイ、アユ、ニジマス、イワナ、ヤマメ、アマゴ、ヒメマス、サーモン、ナマズなどがある。

陸上養殖の水産物には、サーモン、トラフグ、ウナギ、マグロ、エビ、クエなどがある。

このように、多くの養殖物が出回っている。市場に出回っているマダイの約8割、ブリ類の約6割は養殖魚が占めるとされる。

海・沼・池などで生産される海面養殖や内水面養殖は、薬物投与や水質汚染のリスクがあるとされる。ただし、陸上養殖は「海水や淡水に含まれる病原体を回避できるので薬剤をほとんど使わなくてすむ」「海・沼・池を使わないので、海・沼・池の水質を汚染しない」「汚水が農作物の栽培に活用できる」「海面養殖や内水面養殖に比べると餌が少なくて済む」などの長所はあるが、「建物や水槽に経費がかかる」「水温維持のために電気や化石燃料をたくさん使う」などの課題がある。電気や化石燃料の使用は、環境に優しいとは言い切れない。しかし、「天然魚の資源減少」や「海面養殖や内水面養殖が抱えている安全性や水質汚染」などから、今後、陸上養殖が増えていくことが予想される。

　イ　養殖の問題点

養殖の問題点として、「薬品の使用」「水質汚染」「海底汚染（底質の悪化）」などがある。養殖で使用される薬品は、抗生物質・合成殺菌剤・駆虫剤・ビタミン剤・消毒剤・不活化ワクチンなどがある。抗生物質等は、平成22年現在で22種類承認されている。「抗生物質などの医薬品の使用」の詳細は後述する。

1kgの養殖魚を出荷するためには7〜15kg程度の餌を与えなければならないとされるので、生産性は極めて悪い。餌の主成分は、イワシ類・サバ類・アジ類などの安価な魚である。それに、小麦粉・大豆油かす・ビタミン剤・柑橘類・ハーブなどが加えられている場合もある。安価な魚を大量に

使って、高価な魚を育てているのである。餌には生餌（生魚の切り身）・モイストペレット（半固形タイプ）・ドライペレット（乾燥固形タイプ）があり、タイプによって水質汚染や海底汚染は異なるが、水質汚染や海底汚染が指摘されている。水質汚染や海底汚染は、餌を完全に摂取してくれないから起こるのである。赤潮の原因になるともいわれている。

では、どのようにして養殖魚の安全性を担保すればよいのだろうか。農産物の農薬、畜産物や海産物の薬品類は残留基準・使用禁止期間・休薬期間などが定められているが、守られていれば安全とは言い切れないし、そもそも守っているかを確実に確認する方法がない。

養殖水産物に関しては、ASC 認証・水産物認証・MEL 認証がある。ASC 認証制度及び水産物認証ラベルは、2010 年に WWF などの支援を受けて設立された国際的な NPO 団体 ASC（水産養殖管理協議会）が認証する制度である。国際的な認証制度の ASC 認証制度に対応する国内の認証制度として、MEL 認証制度がある。

ASC 認証では、「法令厳守」「自然環境および生物多様性の保全」「水資源や水質の保全」「天然個体群の保全」「責任ある飼料や資源の調達と利用」「適切な魚病管理と生産」「地域社会に対する適切な労働環境」の 7 原則を掲げている。独立した認証機関によって審査され、合格すると 3 年間認証される。そして、毎年「サーベイランス監査」を受けなければならない仕組みになっている。認証されると、包装材やマーケティング資料に ASC ロゴを付けることができる。

消費者が養殖魚を選ぶ場合は、ASC 及び AEL 認証ロゴマークが付いたものも選択肢の一つである。また、全国海水魚協会では、養殖魚の履歴書を作成している。履歴書には、出荷日・生産者・生産地・使用薬品／ワクチン・使用餌などが書かれている。ただし、残念ながらこの履歴書を一般の消費者が目にすることはない。積極的に公表すべきである。

一方、天然の水産物には MSC 認証制度がある。MSC 認証制度は海のエコラベルともいわれ、MSC（海洋管理協議会）が審査して認証する制度で

ある。MSC 漁業認証基準は、漁業が環境と調和するための国際的な枠組みとして、世界の漁業の保全・管理・発展の原則・基準が示されている。国際的な認証制度の MSC 認証制度に対応する国内の認証制度として、AEL 認証制度がある。

なお、「ASC 認証」「MEL 認証」の認証件数はまだまだ少ないので、早急な拡大が望まれる。

④　どのような加工食品を摂取すればよいか

加工食品を考える場合は、原材料及び添加物の安全性が重要である。原材料は、これまで述べてきたことを押さえたい。つまり、農産物や畜産物は最低でも「有機 JAS マーク」「グローバル GAP 認証」制度の基準をクリアしたもの、養殖水産物は最低でも「ASC 認証」「MEL 認証」をクリアしたものが望ましい。

有機加工食品にも、日本農林規格がある。有機加工食品を生産する方法の基準のポイントは、「化学的に合成された添加物や薬剤の使用は極力避ける」「水と水分を除けば95％以上が有機農産物・有機畜産物又は有機加工食品である」「薬剤で汚染されないように管理された工場で生産する」「遺伝子組換え技術を使用しない」である。

有機加工食品の生産方法の基準は、「原材料及び添加物（加工助剤を含む）」「原材料及び添加物の使用割合」「製造、加工、包装、保管その他の工程に関する管理」の３項目にわたって基準が示されている。基準には、「放射線照射が行われたものや遺伝子組換え技術で生産されたものを除く」などがあり、使用できる添加物・薬剤のリストと基準が示されている。

農産物・畜産物・水産物と同様に、「有機 JAS マーク」が付いていれば100％安全といえないが、「有機 JAS マーク」が付いている原材料を使うことが加工食品の最低基準と考えなければならない。

⑤　農産物・畜産物・水産物・加工食品ではどのような薬品・添加物類が使われているか

薬品・添加物・ワクチンが使われる理由は、ずばり、生産者・加工業者の

利益である。農産物でも畜産物でも水産物でも、途中で死んだり枯れたり、病気になったりするとその分出荷できなくなる。歩留まりが悪くなって収入が減るのは死活問題になる。そこで、薬品・ワクチンをいっさい使わないごく一部の生産者もいるが、大方の生産者は薬品によって死んだり枯れたり病気になったりするのを防いでいる。

　加工食品も、日持ちしなかったり見た目が悪かったりなどすると、販売に支障がでる。食パンを自宅で作るときは保存料などを入れないので、市販している食パンに比べると日持ちが悪くなる。餅の場合も、市販の餅はいつまでも硬くならないが、自宅で作ると翌朝には硬化してしまう。加工食品は、冷凍したり、煮沸して真空パックや缶に詰めたり、乾燥したり、塩漬けしたりなどすれば長期間保存できるが、その他の加工食品は添加物を入れないと保全性や外観などに不都合が生じ、加工業者の利益上困るのである。

　国は、化学的に合成された肥料・農薬・添加物・薬剤の使用を避ける又は極力避けるとしながらも、一方では使用してもよい農薬・添加物・薬剤のリストを公表している。なんという矛盾。

　国も関係団体や産業に配慮して急激な改善を強要しないので、食料の生産や販売で薬品・添加物・ワクチンの使用を抜本的に見直すことは期待できない。そこで、消費者が「見た目が悪く」ても「値段が高く」ても、「安全で、環境に優しい加工食品」を率先して買うようになれば、生産物や加工品における薬品・添加物・ワクチン使用の抜本的な改善が期待できる。

　以下、農産物・畜産物・水産物・加工食品で使われている薬品や添加物やワクチンを見てみたい。

　　ア　農産物で使われている農薬類

　農産物では、病害虫や病気の対策として農薬が使われる。自然由来の木酢液などが使われることもあるが、ほとんどの農薬は化学的に合成されたものである。

　まず、病害虫や病気はどのようにして発生するのか、なぜ野草には病害虫や病気がつきにくいのだろうか。一言でいえば、生命力の強さである。与え

られたその環境で、たくましく、必死になって生きる強さである。一方、農産物（畜産物も）は品種改良という名分の下で、その植物（動物）の属性の一部をいびつに取り出しているとされる。

　人間の欲望による品種改良は、一般属性の犠牲の上に成り立っている。つまり、品種改良はその動植物の生命力の弱体化をもたらしているとされる。農産物の植物・果実・穀物も家畜も魚等も、そもそもは野生であった。農産物でいえば、どの植物・果実・穀物も厳しい野生の環境下で、生命力を最大に発揮して生きていた。ここでは、殺虫剤や殺菌剤などに頼らなくても生きていく生命力があったのである。品種改良された農産物は、品種改良によってその品種が持っている一般属性（生命力）を失い、病害虫や病気に弱くなったと考えられる。

　品種改良された農産物でも、栽培法によっては同じ品種でも病害虫や病気に対する強さが異なるようである。病害虫や病気に強い栽培法は、土壌改良などによって品種そのものの生命力を高めたり、昆虫などとの共生を活用したりしている。品種が持っている生命力をじゅうぶんに引き出さなければ病害虫や病気が発生するので、生産力向上のためにはますます農薬に依存しなければならなくなる。

　農薬を使わない生産者も、最初から農薬を使わないでうまくいっているのではない。苦労し、失敗し、試行錯誤を経て成功している。この先駆者たちから、大いに学ばなければならない。

　同時に、在来品種の見直しも必要である。さらに、見た目やおいしさという人間の要望と決別し、生命力の強い原種をもっと重視してもよいのではないだろうか。

　ここで、実際に使われている農薬を見てみたい。

　農薬は、「殺虫剤」「殺菌剤」「除草剤」「植物成長調整剤」などの10程度に分けられる。そして形状（剤型）は粉剤・粒剤・水和剤などの「固体」、乳剤・液剤・油剤などの「液体」、及び「その他」に分類されている。

　個々の農薬は医薬品と同様に商品名もあるが、一般名・国際標準名・化学

名がある。化学名からは、化学成分や化学構造が分かるようになっている。

　殺虫剤・殺ダニ剤は「化学農薬」が圧倒的に多いが、微生物などの「生物農薬」もある。殺菌剤は「化学農薬」が圧倒的に多いが、「抗生物質」や「生物農薬」もある。除草剤は「有機合成農薬」が圧倒的に多いが、「無機化合物」や「生物農薬」もある。いずれにしても、化学的に合成されたものが圧倒的に多い。

　「抗生物質」というと、ペニシリンやストレプトマイシンを思い浮かべる人が多いと思われる。「抗生物質」は、細菌を抑えることはできるがウィルスには効かない。感染を引き起こしている細菌にも効くが、関係ない細菌まで殺してしまうことや耐性菌を新たに生むことのリスクが指摘されている。耐性菌が蔓延すると、アレルギー疾患などが起こるとされる。抗生物質を使わないにこしたことはない。

　抗生物質は発症後に用いられるが、BCG・水疱瘡・麻疹・インフルエンザなどを予防するためのワクチンがある。家畜では、多くのワクチンが使われるようになってきている。

　人間の体は、細胞よりも微生物の数のほうが多いとされる。微生物の仲間である細菌は、病原菌の侵入を防いだり、消化を助けたり、過剰な免疫反応を抑えたり、有効な物質を生み出したりする。大腸菌（有害株）などの人間に有害な細菌もあるが、大半の細菌は人間と共存・不可欠な関係にある。味噌・醤油・鰹節・納豆・漬け物・ヨーグルト・パンなどの食物にも、たくさんの微生物が住んでいる。健康上から、これらの食物の評価が高まっている。

　人体における細菌（共生微生物）の役割やその多さから考えると、抗生物質は人体にとって脅威である。抗生物質は、「抗生剤」や「抗菌剤」とも呼ばれる。抗生物質のリスクの大きさから、国内外でその使用が年々制限されてきている。

　化学物質は人間を含む生物に悪い影響を与えることが知られているので、使わないにこしたことがない。万一使う場合は必要最低限にするとともに、

毒性や残留濃度に配慮しなければならない。使用禁止の農薬が残留している農産物がときどき報道されるが、使用禁止農薬の使用や残留は目に見えないので大変怖い。

有機 JAS 規格には、39 種類の農薬が掲載されている。個々の農薬は「残留基準」「使用禁止期間」「休業期間」が定められている。許可された農薬を使いかつ基準を遵守して使用したとしても、農薬を使う以上、100％安全とは言い切れない。人体に対する残留農薬の有害性が証明されないから、残留農薬が検出されないからといって、無害であることの証明にはならない。そもそも薬剤は空中にも、土壌にも、地下にも、河川や海にも拡散するので、環境汚染や生態系への悪影響が避けられない。

また、農薬による健康被害として、発がん性・アレルギー性・催奇性・皮膚の異常なども指摘されている。農薬を使わないで農産物を生産している生産者もいるので、農薬の在り方を抜本的に見直すことが必要である。

　イ　畜産物で使われている薬品類

畜産物で使われる薬品（動物用医薬品）は病気・寄生虫などから動物を守るために、抗生物質・合成抗菌性物質・抗コクジウム剤・回虫駆除剤・ワクチンなどがある。抗生物質の種類は農業よりも多い。外国産の食肉には抗生物質が乱用されているものもあるようである。抗生物質・合成抗菌性物質・回虫駆除剤は薬事法で、対象動物・用法及び用例・使用禁止期間などが示されている。

抗生物質は治療に使われるが、最近は、予防としてワクチン使用が増加している。事実、抗生物質よりもはるかに多い種類のワクチンが使われている。

畜産対象の動物に直接投与される薬品もあるが、飼料に混入される場合が多い。有機飼料の日本農林規格では、有害動植物を防除するために、12 種類の薬剤が認められている。また、「飼料の安全性の確保及び品質の改善に関する法律」では、156 種類の飼料添加物が認可されている。156 種類のうち、抗生物質関係は 16 種類（合成抗菌剤 5 種類、抗生物質 11 種類）になってい

る。ただし、飼料に抗菌性物質を含んではならない旨が書かれているのに、括弧に「飼料添加物として指定されたものを除く。」とあるのが気になる。

　国が認可してきた抗生物質の種類は減少してきているが、抗生物質のリスクを考えると使用禁止に向けた取り組みが求められる。抗生物質がいまだに使われているのは事実であり、現に日本でも認められている。抗生物質使用に関するガイドライン類は、先進国ではどこの国でも定めている。ただし、ふじゅうぶんなガイドラインさえ厳守されているかについては、消費者が把握できる現状ではない。

　また、EU が牛の成長を早めるために発がん性物質の疑いのある人工ホルモン剤を投入しているアメリカ産牛肉の輸入を禁止していたことが知られている。

　ワクチンは抗生物質よりもはるかに安全とされているが、遺伝子組換え生ワクチンなどもあるので、安全性に対する徹底的な検証が必要である。

　　ウ　水産物で使われている薬品類

　養殖で使用される薬品は、抗生物質・合成殺菌剤・駆虫剤・ビタミン剤・消毒剤・不活化ワクチンなどがある。抗生物質等は、22 種類程度承認されている。

　これまでは治療のために多くの抗生物質が使われてきているが、最近は予防としてのワクチンが多く用いられるようになってきているようである。ワクチン使用の場合は、指導機関の指導を受けたり、記録を付けたり、水揚げ禁止期間を守ることなどが課せられている。ワクチンは魚種ごとにことなるが、今後増加すると思われる。

　ワクチンの水産物や人体への影響は今後詳細に検討していく必要がある。なお、MEL の判定基準に「ワクチンの適正使用」がある。

　　エ　加工食品で使われている添加物類

　添加物には、甘味料、着色料、保存料、増粘剤・安定剤・ゲル化剤、酸化防止剤、発色剤、漂白剤、防カビ剤、香料、酸味料、調味料、凝固剤、乳化剤、pH 調整剤、膨張剤、苦味剤、軟化剤、酵素、かんすい、イーストフード、

ガムベースなどがある。これだけ多いことを知っている人は少ないと思われる。日本農林規格で使用が認められている添加物は 65 種類だが、国が使用を認めている指定添加物は 420 品目もある。

　食品衛生法では使用した全ての添加物の物質名を表示しなければならないことになっているので、加工食品を購入するとたくさん書かれているのを目にする人が多いと思われる。

　国が使用を認めている添加物であっても、100％安全とはいえない。使わないにこしたことはないし、使っても最小限が望ましい。消費者が安全のために、見た目や賞味期間で選ばないことである。消費者が購入しなければ、添加物の多い加工食品は売れなくなるので市場から消える。

　⑥　どのような環境で栽培・飼育・養殖されているか

　農産物の栽培も、畜産物の飼育も、水産物も養殖も、高密度の環境下で行われる場合が多い。生産性を向上させるためである。一方で、牛を放牧したり、ニワトリを平飼いしたり、ホタテ貝を直まきしたりしている生産者もいる。また、ニワトリのケージ飼育を認めさせるために国会議員に働きかけた業界関係者がいたことは記憶に新しい。

　近年、動物福祉（アニマル・ウエルフェア）が叫ばれている。動物福祉は、80 年ほど前にイギリスで提唱されている。そこでは、飢え・渇き・不快・痛み・障害・病気・恐怖・抑圧・正常な行動の制限からの自由を掲げている。ここでの動物は、家畜や養殖に限らない。水族館・動物園の展示動物、実験動物、愛玩動物など、人間が管理している全ての動物が対象である。

　人間は従属栄養なので、他から栄養を摂取しなければ生きていけない。生物の多様性がもたらす食物連鎖は不可欠である。野菜・肉・魚なども必須である。人間は他の生命に依存し、他の生命に生かされている存在なので、他の生命に対する感謝・畏敬は当然である。よって、栽培・飼育・養殖は、その植物・動物・魚などを快適な環境で育てなければならない。快適な環境とは、物理的な環境に留まらない。動植物の特性に合わせることも重要である。

　他の生命に対する感謝・畏敬がないから、快適な環境とほど遠い高密度の栽培・飼育・養殖になるのである。問われているのは、他の生命に対する感謝・畏敬である。他の生命に対する感謝・畏敬があれば、栽培・飼育・養殖の環境が悪くなるはずがないし、食品ロスや環境負荷の問題も起こらないはずである。

　⑦　地球環境に負荷をかけない食物の摂取を推進する

　いくら安全な食料を生産・加工しても、環境に負荷を与えてはならない。農薬・抗生物質などの使用による、大気・環境・河川・地下水などの汚染が起こらないのは当然である。農薬・抗生物質などが残留していれば、人体に直接摂取される。残留していなくても、大気・環境・河川・地下水などが汚染されれば人間に還ってくる。

　また、大規模な畜産場を造成すれば、森林や生態系を破壊する。土砂や糞尿が河川などに流入するリスクもある。養殖も、食べ残しの餌や糞による水質・海底汚染がある。畜産は大量の水と飼料を必要とするし、牛に至っては温室効果ガスであるメタンガスを多く排出するので、地球環境に大きな負荷をかけている。

　ハウス栽培や陸上養殖は室温や水温を維持するために、自然環境を活用する栽培・養殖に比べると、大きなエネルギー（電気・燃料）を使う。大きなエネルギーの消費は、環境に負荷をかける。

　消費者は有害な物質が含まれていない食品を求めなければならないが、同時にその食品がどのように作られたかを環境汚染・環境負荷の視点からも吟味しなければならない。

　食品ロスは、生産者と消費者の双方が具体的な取り組みを更に進める必要がある。余った食品をどうするかよりも、過剰生産・過剰消費を克服するための実効ある具体的な取り組みの推進が求められる。それでも余った場合は、有効に利用する方法を徹底すればよい。

（4）　糖分をどのように摂取すればよいか

　甘い物を食べるとおいしい。おいしさが快感になって脳に記憶されるので、ますます甘い物を食べたくなる。中毒みたいなものである。

　炭水化物・脂質・タンパク質は３大栄養素とされ、エネルギー源として欠かせない。炭水化物は、糖質と食物繊維から成り、糖質は多糖類（澱粉など）・二糖類（砂糖など）・単糖類（果糖など）に大別される。二糖類と単糖類を合わせて、糖類と呼ぶ。甘味料には非糖質性の人工甘味料もあるが、圧倒的に糖類が多く使われている。糖類は和菓子・洋菓子・アイスクリームはもちろん、料理にも使われている。

　多糖類は、そのままでは体内に吸収されないので、まず二糖類に変換され、更に単糖類になってから体内に吸収されるので時間がかかる。炭水化物が腹持ちするゆえんである。炭水化物は、穀類（米や小麦など）などに多く含まれる。糖質の摂り過ぎは、糖類なかでも二糖類が突出している。糖質の過剰摂取は肥満・高血圧・糖尿病・虫歯・骨粗鬆症・情緒不安などの原因にもなるとされる。それにしても、二糖類が氾濫する原因になっている精糖技術を人類が発見・開発したことの罪深さを思わずにはいられない。

　二糖類の原料はサトウキビやてんさいなどだが、精製方法によってショ糖の純度が高くクセのない「精製糖（上白糖・グラニュー糖・三温糖・氷砂糖など）」とミネラルを含む「含蜜糖（黒砂糖・かえで糖など）」がある。和三盆は精製糖と含蜜糖の間に位置する砂糖とされる。含蜜糖はクセがあるうえに独自の色もあるが、健康を考えるとミネラルを含む含蜜糖が望ましい。また、精製糖のみを摂取するのではなく、果物などに含まれる天然物から糖分を摂取することも大切である。

　砂糖は魔物である。甘い食物からの誘惑は強烈である。バランスのよい食事の重要性を考えると、誘惑を断ち切って自制しなければならない。精神衛生上、甘い物を全て断ち切ることはできない。子どもがいつでも自由にお菓子・ジュースなどを摂取できる環境はよくない。食後やおやつの時間などの決められた時間に、決められた量を楽しく食べる習慣をつくっていかなけれ

ばならない。

（5）　食物摂取時の温度をどのように考えればよいか

　寒いときは温かい飲み物（コーヒー・紅茶・緑茶・ミルクなど）、暖かいときは冷たい飲み物（ジュース・麦茶・ビール・アイスクリーム・スポーツ飲料など）を飲むとほっとする。寒いときは、温かい物を摂取すると体温上昇にもなる。暖かいときに冷たい物を摂取すると、体温を下げることにもつながる。

　人間の口腔壁の細胞は、60度くらいになるとやけどするといわれている。やけどは、高温でも低温でも起こので、冷たすぎる食物も注意しなければならない。

　食物が通過する口腔・食道・胃・腸の内壁にとっては、体温と同じ温度の食物のほうが刺激が少ないので、体に優しいといえる。しかし、不思議なことに、人間は体温よりも温度の高いものや低いものにおいしさを感じるとされる。その理由はよく分からないが、熱すぎたり冷たすぎる食物をたくさん摂取すると内壁がただれたりするので、熱すぎたり冷たすぎる食物をたくさん摂取するのは避けなければならない。

　人間は熱い食物を一度に大量に口にすることはできないが、冷たい食物ではよくあることである。前頭部が痛くなる体験をした人は多いと思われる。特に暑い時期や汗をかいたときなどは、5度くらいに冷やされた大量の飲料水やビールなどを一気に飲んだりする。マイナス20度くらいのアイスクリームやマイナス5度くらいのソフトクリームもある。体温との温度差は、冷たい飲料水が30度くらい、アイスクリームが50度くらい、ソフトクリームが40度くらいである。また、腸内の温度が下がると免疫力などが低下するとされる。体、特に腸を冷やしてはならない。

　では、どのようにすればよいのだろうか。基本的には体温との温度差が大きい食物の摂取をできるだけ避けることである。そうはいっても、夏場は、冷たいものを食べたいのが本音である。無理して絶つのは、精神衛生上もよ

くない。摂取する全体の量を少なくするとともに、小刻みに摂取したい。一気に摂取すると腸内の温度は低下するが、少しずつ口に含むと体内で温められて腸に到達するので、一気に摂取するよりも腸内の温度低下を防ぐことができる。

　冷蔵庫は食物の保存に便利だが、冷たい食物の供給元にもなっている。冷蔵庫がなければ、冷たい食物を摂取することもないし、冷たい食物で健康を害することもない。このように、冷蔵庫にはマイナス面もある。上手に冷蔵庫と付き合いたい。

（6）　まとめ

　火力発電・運輸輸送・工業・乗り物などから排出される二酸化炭素が地球温暖化の元凶として話題になっているが、食料生産は海と陸の広範囲で環境を汚染している。同時に、食品は安全性にも大きな問題を抱えている。食品の現状を知れば知るほど、安心して摂取できる食品がないのではとの思いが強くなる。まさに、危機的状況である。しかし、人間は食物を摂取しなければならないので、自給するか買うことになる。完全自給の人はほぼいないと思われるので、結局は買わなければならない。

　食物の問題は、プラスチック製のストロー・トレー・袋に矮小化してはならない。環境汚染を考えると、プラスチック製のストロー・トレー・袋を止めるにこしたことはないが、それよりも重要なことは食物の安全性の確保ではないのか。

　食品の安全性と環境汚染を前にして、どのような対応が求められているのだろうか。筆者は、以下の３つが重要と考えている。

　①　消費者は食品への関心を高めるとともに、安全で環境に優しい食品を見極めるための情報収集と分析・考察に労力を惜しまない。安全で環境に優しい食品の摂取は、摂取する本人だけでなく、環境の利益にもなる。同時に、子どもが大人から学ぶので、子どもの利益にもなる。

　②　大型小売店は、安全や環境に配慮した食品コーナーを設けるなどし

て、安全や環境にあまり配慮していない食品との差別化を図る。差別化を図ることによって、あまり配慮していない食品の生産者の意識を変えることが期待できる。その結果、あまり配慮していない食品の生産が淘汰されていくことは、消費者の利益に叶う。

③　世界や国内に食品の認証制度があるにもかかわらず、現状はあまり知られていない。認証制度にも問題はあるが、消費者のために安全や環境に配慮した食品の重要性を考えるなら、認証制度を積極的に広報しなければならない。消費者が周知することによって、消費者自身が安全や環境に配慮した食品を選択できるようになるだけでなく、生産者も安全や環境に配慮した食品を生産できるようになることが期待できる。

4　室温とどのように関わればよいか

（1）　室内に籠もらない

　現在は、エアコン・床暖房・セントラルヒーティングが普及している。高断熱・高気密の住宅の普及とも相まって、快適な室温で生活ができる環境が整っている。

　四六時中、快適な室温（例えば22度）で生活し続けると、どうなるのだろうか。身体が体温を調節する必要がなくなる。人間自ら、体温調整機能を放棄して低下させている。人間の体温調整機能が退化していくのは必然である。よって、一定の温度に維持され、体温調整機能を発動しなくても済む室内で年中生活するのは、決してよくない。

　人間には体温の上昇や低下に対応するために、体温調整機能が備わっている。体温が上昇すると汗腺から汗を出して熱を逃がしたり、血管を拡張して血流を多くして熱を放散するなどして体温を下げている。反対に体温が低下すると、血管を収縮させて血流を少なくして熱の放散を少なくしたり、筋肉を振動・収縮させることによって発熱させたりして体温を上げるとされる。このように、人間の身体は自ら体温を調整している。

　暑すぎたり、寒すぎたりすると、人間の身体に大きな負担になるので、最小限の冷房と暖房は必要である。同時に、人間が寒暖のある地球環境で生きるためには体温調整機能は極めて重要な機能である。よって、多少暑い環境、多少寒い環境にときどき身を置くことは必要だし、運動・遊び・仕事などで汗をかくこともときどき必要である。汗をかくことによって、運動機能など、体温調整機能以外の働きも高めることができる。

　寒暖に強い人と弱い人がいるのは事実である。その違いがどのような理由で生じるのかを知りたいところである。体温調整機能をあまり発動しなくてもよい環境下で育った人よりも、体温調整機能をそれなりに発動せざるをえない環境下で育った人のほうが寒暖に対する適応力があるような気がしてならない。

（2）　急激な温度差を避ける

　自然環境下では急激な温度変化はありえないが、人工的に温度コントロールしている環境下では急激な温度変化にさらされることがある。

　現代は、交通機関や建物（住居・職場・公共機関など）に冷暖房が行き届いている。そのため、冷暖房がされていない屋外などと往来するたびに急激な温度変化にさらされる。人間の体は、急激な温度変化に対応するようにはできていない。そのため、急激な温度変化にさらされると体調不調を訴える人が少なくない。そこで、電気代の節約もあるが、急激な温度変化を抑えた冷暖房が増えている。弱冷でも体調が悪くなる人の中にはエアコンを使わずに、扇風機や自然換気を採り入れている人もいる。

　現代の高密度・高断熱の閉鎖住宅は、冷暖房が欠かせなくなっている。冷暖房が欠かせない現代の住宅は、見直しが必要である。冷暖房機器がなかった時代の風通しなどを考慮した住宅の構造や、寒暖とうまく付き合ってきた先人の知恵に学ばなければならない。過去の住宅にも学びながら、エアコンがなくても暑い夏を快適に過ごすことができる最新の住宅を、最新の住テクノロジーを駆使して研究していかなければならない。冷暖房機器を使わなく

ても済むのが理想だが、使っても補助的に留まるのが望ましい。

　寒い冬に、暖房があまり効いていないトイレ・浴室などでの事故もときどきニュースになる。住宅内でも、暖房の効いた暖かい部屋と効いていない寒い部屋の往来はリスクがある。暖房のない部屋には弱い暖房を付ける、ふだん冷暖房している部屋の室温を控えめにするなどして、住宅内の温度差を少なくしなければならない。

　また、高齢者の熱中症による事故もたびたび報じられる。古い住宅のために室温が急激に上昇したり、エアコンがあるのに使われていなかったりするのである。住宅の状況に応じた室温の調整に配慮しなければならない。エアコンや暖房器具をフル回転させると、電気や燃料の消費も増加する。

　このように、室温には「人体の体温調整機能の退化」や「急激な温度変化」などのリスクがある。冷暖房にも、人体への影響と環境汚染の問題が濃縮されている。冷暖房（電気・燃料の消費を含む）及び住宅構造の在り方が問われている。

5　発熱とどのように関わればよいか

　人間の体温や血圧は、一定ではない。体温は一日に 0.5 ～ 1 度くらいの幅がある。また、発熱すると多くの保護者は心配になり、病院に駆けつける。医師は解熱剤を処方することが多い。その結果、副作用が出る場合もある。

　発熱の原因の多くは、感染症である。発熱によって免疫系を活性化させ、病原体の増殖を抑える。発熱は正常な身体反応であるので、解熱剤をすぐに使うのは好ましくない。発熱は、感染症以外の膠原 病 ・悪性腫瘍・内分泌異常・ホルモン異常・血栓症・薬の副作用などでも起こるとされる。

　薬には、効果と副作用の両方ある。発熱イコール薬ではない。無理に熱を下げることによって経過が悪化する場合もある。発熱の様子を見ながら、対応しなければならない。

　ただし、高温・意識障害・血圧低下・呼吸障害・激痛・起立困難・脱水・

悪寒などの場合は、直ちに医療機関を受診しなければならない。

　ふだんの生活では、温めのお湯に長めに浸かることによって、身体をじっくり温めることも健康上よいとされている。

6　照明とどのように関わればよいか

　現代は、屋内も屋外も照明にあふれている。夜に飛行機から都会を眺めると、きれいと思う以上に、人工的な明るさに驚かされる。

　夜行性動物は、視覚や聴覚を発達させたり、超音波の反響音をキャッチしたりしていることが分かってきている。人間の眼は、敵を察知するために多少暗くても見えるようになっている。そのため、人間の網膜は暗さには強いが、明るさに弱いとされる。太陽を直視したり、溶接の火花などを直視すると、網膜がダメージを受ける。日差しが強いときや晴天時の銀世界にいるときは、眼を保護するためにサングラスをかけるのが望ましい。明るい室内に長時間居たり、テレビ・携帯電話・パソコンなどの光りを発する液晶画面を長い時間見るのもよくない。

　しかも、テレビ・携帯電話・パソコンは近距離である。そこで、室内をあまり明るくしない、液晶画面を長時間見ないことが必要である。また、眼は水晶体の厚みを変化させて焦点の調整をしているので、遠くの景色なども積極的に眺めたりして、眼の焦点機能をふだんから働かせなければならない。

　自然界には人工の照明がないので、生き物が頻繁に明暗を往来することはない。ところが、人工照明にあふれる現代は、明暗を頻繁に往来することになる。往来のたびに、眼の虹彩の開口部である瞳孔の大きさや網膜の視細胞である錐体や杆体の感度の調整を余儀なくされる。自然界では調整の回数が少なくて済むが、人工照明によって調整を頻繁に余儀なくされるのは人体にとってよいことではない。

　植物にとっても、本来暗いはずの夜に照明当てるのはよくない。そもそも人工照明は自然界にないので、生き物は照明のない生活に適応している。高

速道路のインターチェンジ近くの稲の収穫量が、低下することも報告されている。イルミネーションが巻き付けられて照らされている樹木を見ると、明るさと発熱のダメージが心配になる。朝まで街灯に照らされている樹木・稲・果樹・草花を見ると、昼夜のリズムが崩され、悲しくなる。

　現代は騒音には厳しくなってきているが、照明には甘すぎる。照明が生態系を壊していることに気づかなければならない。夜の照明は必要最小限にするとともに、照明の角度を調整して植物に直接当たらないようにしなければならない。

7　太陽とどのように関わればよいか

　植物は太陽がないと光合成ができないので、従属栄養の人間は太陽がないと生きていけない。また、太陽によって地上の温度が保たれているので生存できる。さらに、太陽によって生じる風や海流も生命に大きな影響を与えている。植物も動物も人間も、太陽と密接な関係があることを忘れてはいけない。酸素・水はもちろん、太陽がなければ生きていけない。

　家と屋内の職場だけを往復していると、太陽を浴びる機会を逸する。農業・漁業・建築業・土木業などは屋外の作業なので、いつも太陽を浴びている。

　太陽がいかに人間に有効かがどれだけ解明されているかは分からないが、「体内リズムの調整」「興奮を抑制するセロトニンとの関係」「抗菌作用」「免疫力」などとも不可分とされる。

8　洗剤類とどのように関わればよいか

　洗剤・柔軟剤・シャンプー・リンス・ボディ石けんも毎日のように使うので、とても身近な存在である。これらの原材料やメリット及びデメリットの詳細は省略するが、研究して使わなければならない。

　琵琶湖の水質汚染や、多摩川の泡は記憶に新しい。その後、洗剤・柔軟

剤・シャンプー・リンス・ボディ石けんは原材料の「無リン化」「石油系から植物系へ」などの改良が加えられているが、界面活性剤や人工香料などの人体や環境への影響が指摘されている。

そこで、どのような対応をすればよいのだろうか。まず、使用量を少なくすることである。「使う場合は減量する」「今まで使っていたもので使わなくてもよいものがないかを見直す」「人体や環境に優しいものを探して切り替える」などが考えられる。

① 使う場合は減量する

洗剤類メーカーが従来よりも少ない量で汚れが落ちる洗剤を開発してきているが、それでも更に減量できないかを実際に洗濯して検証する。水温による差が顕著であれば、風呂の残り湯を活用する。

② 今まで使っていたもので使わなくてもよいものがないかを見直す

食器を手洗いする場合は、ぬるま湯を使ったり、洗剤を使わなくても汚れが落ちるスポンジを使うなどが考えられる。

③ 人体や環境に優しいものを探して切り替える

アブラヤシから搾油されるパーム油は、森林破壊による環境汚染や児童労働などの問題がクローズアップされたことがある。そこで、環境汚染や労働問題などを改善するためのRSPO認証制度がある。一般の消費者が洗剤の原材料の一つであるパーム油を直接購入することはないが、製造会社がパーム油を使う場合は、RSPO認証のパーム油を使っているかを調べたい。

オーガニック由来の製品を使う場合は、第三者によって認証を受けたオーガニック製品を使いたい。第三者認証には、ヨーロッパのコスモス認証がある。コスモス認証には、オーガニック認証（BIO）とナチュラル認証（NAT）があり、それぞれ基準が設けられている。認証された製品には、オーガニック認証マーク及びチュラル認証マークが表示されている。

いずれにしても、洗剤・柔軟剤・シャンプー・リンス・ボディ石けんは身近で毎日使うものなので、人体への安全性と環境への負荷の両面から関心を

持たなければならない。そのうえで、使う製品や使い方を考えなければなら
ない。

注

1) 千谷七郎、『遠近抄』、勁草書房、1978、pp.264-267。なお、このクラーゲスの主著は、千谷七郎・平澤伸一・吉増克實訳『心情の敵対者としての精神』全3巻全4冊として、うぶすな書院から2008年に刊行されている（参考文献参照）。原書名は、『Der Geist als Widersacher der Seele』である。

2) 成田　孝、『心おどる造形活動 ― 幼稚園・保育園の保育者に求められるもの ―』、大学教育出版、2016、p.159。

3) 成田　孝、前掲書、p.159、一部修正。

4) 「観得」はクラーゲス著作の翻訳・刊行に精力的に取り組んできた東京女子医科大学精神医学教室の、千谷七郎・赤田豊治・柴田収一・平澤伸一・吉増克實らによる「Shauen、Shauung」の和訳である。広辞苑などにも載っていない意訳・造語である。「Shauen、Shauung」は一般的には「見る、注視する、観察する、感得する」などと訳されることが多い。クラーゲスによると、「性情（Wesen）」は形象に触れる体験によって肉体と心情が融合して感応することとされる。例えば、雲が山頂に向かって上っていく風景に見入っていると、ある威力が感応してくる。この威力が性情とされる。平澤伸一によると、「性情」は、クラーゲス哲学の最重要概念の一つとされる。

　　「性情」の感知化・他者化が心情の受容面としての「観得」であり、更に心情の実施面として現れるのが「形成」とされる。これを流れで示すと、「形象（体験）」→「性情（感応）」→「観得（受容：感知化・他者化）」→「形成（実施：表出）」となろう。

5) 千谷七郎、前掲書 p.161。

6) 吉増克實、「三木形態学と現実学」、三木成夫『ヒトのからだ ― 生物史的考察』、うぶすな書院、1997、p.221。

7) 成田　孝、『子どもの生命を脅かす教師の精神 ― 子どもの生命が輝く、教師・教育・研究の在り方 ―』、大学教育出版、2020、p.21。

8) 吉増克實・星野恵則・小谷幸雄編、『人間学と精神病理学 ― 赤田豊治精神病理学論集 ―』、うぶすな書院、2006、p.322。

9) クラーゲスによれば思考は、「精神が生命に依存する思考（生命依存的思考段階・プロメテウス的思考段階）」と「生命が精神に依存する思考（精神依存的思考段階・ヘラクレス的思考段階）」の2つの時期に区別できるとされる（ルートヴィッヒ・クラーゲス／千谷七郎・平澤伸一・吉増克實訳、『心情の敵対者としての精神』、うぶすな書院、2008、第1巻第35章「動物の認知と人間の認知について」、pp.491-502。第2巻第53章「意志と意識状態」、pp.999-1030）。これを千谷七郎はクラーゲスの業績紹介で、「精神が覚証

性能として生に従属するままであれば（プロメテウス期）、恵まれた條件の下に偉大な文化が発生する。これに対し、精神が独裁的意志として生を克服すれば（ヘラクレース期）、発達は何れの民族においても人間外の世界の破壊に終わる。精神は何を措いても理知、思考能力、智能としてではなく、意志としてその宿命的な世界史的役割を演ずる。」と述べている（ルートヴィッヒ・クラーゲス／千谷七郎他訳、『人間と大地』、うぶすな書院、1986、p.269）。

10)　ルートヴィッヒ・クラーゲス／赤田豊治訳『性格学の基礎』、うぶすな書院、1991、巻末表。

11)　成田　孝、『子どもの生命を脅かす教師の精神 ― 子どもの生命が輝く、教師・教育・研究の在り方 ―』、p.34、一部修正。

12)　成田　孝、『子どもの生命を脅かす教師の精神 ― 子どもの生命が輝く、教師・教育・研究の在り方 ―』、p.70。

13)　成田　孝、『心おどる造形活動 ― 幼稚園・保育園の保育者に求められるの ―』、p.171から抜粋。

14)　成田　孝、『子どもの生命を脅かす教師の精神 ― 子どもの生命が輝く、教師・教育・研究の在り方 ―』、p.54 から抜粋。

15)　成田　孝、『子どもの生命を脅かす教師の精神 ― 子どもの生命が輝く、教師・教育・研究の在り方 ―』、p.64。

16)　千谷七郎、前掲書、p.131。

17)　ルートヴィッヒ・クラーゲス／千谷七郎他訳、『人間と大地』、うぶすな書院、1986、pp.258-259。なお、この図書に収納されている同名の論文は、第一次世界大戦前の1913年に書かれている。数編の論文とともに1920年に初版が出版され、生存中に第6版（1956年）まで、没後に第7版（1972年）が出版されている。訳は第7版による。今から百余年も前に、進歩思想という人間の権勢欲の増大が自然を支配して生を破滅させることを鋭く指摘している。今日及び今日に至るに自然破壊、自然破壊の元凶を予言していることに驚かされる。

18)　ルートヴィッヒ・クラーゲス／千谷七郎他訳、『人間と大地』、pp.188-189。

19)　成田　孝、『心おどる造形活動 ― 幼稚園・保育園の保育者に求められるもの ―』、p.108。

20)　成田　孝、『心おどる造形活動 ― 幼稚園・保育園の保育者に求められるもの ―』、p.107。

21)　この章は、「成田　孝、『子どもの生命を脅かす教師の精神 ― 子どもの生命が輝く、教師・教育・研究の在り方 ―』、大学教育出版、2020」のほかに、法令、行政機関のホームページなどを参考にした。

参考文献

・ルートヴィッヒ・クラーゲス／千谷七郎・平澤伸一・吉増克實訳、『心情の敵対者としての精神 第1巻』、うぶすな書院、2008。
・ルートヴィッヒ・クラーゲス／千谷七郎・平澤伸一・吉増克實訳、『心情の敵対者としての精神 第2巻』、うぶすな書院、2008。
・ルートヴィッヒ・クラーゲス／千谷七郎・平澤伸一・吉増克實訳、『心情の敵対者としての精神 第3巻・第1部』、うぶすな書院、2008。
・ルートヴィッヒ・クラーゲス／千谷七郎・平澤伸一・吉増克實訳、『心情の敵対者としての精神 第3巻・第2部』、うぶすな書院、2008。
・フラウヒゲル／赤田豊治訳、「人間性情と動物性情との相違」、『医学のあゆみ』第70巻第3号、1969、pp.131-140。
・千谷七郎、「自然と人間」、『法華』第69巻第7・8号、pp.1-19、法華会、1983。
・小野成視、『ひかりは たもち 授業を創る ― 三本木小でおこったこと』、評論社、1994。
・三木成夫、『ヒトのからだ ― 生物史的考察』、うぶすな書院、1997。
・三木成夫、『内臓のはたらきと子どものこころ 増補版』、築地書館、2004。
・吉増克實、「三木成夫といのちの世界」連載（6回）。第1回（Vol.101 No.4、pp.8-17、2002）、第2回（Vol.101 No.6、pp.8-16、2002）、第3回（Vol.101 No.8、pp.10-19、2002）、第4回（Vol.101 No.10、pp.55-63、2002）、第5回（Vol.101 No.12、pp.15-23、2002）、第6回（Vol.102 No.2、pp.42-51、2003）、『幼児の教育』、日本幼稚園協会、2002-2003。
・弘前大学教育学部附属養護学校「図画工作・美術」班、『豊かな心情の世界 ― 土粘土による制作過程と作品 ―』、1991。
・東北電力、『"豊かな心情の世界展" 弘前大学教育学部「附属養護学校の子どもたちの作品」小冊子』、東北電力グリーンプラザ、1992年12月24-27日。
・成田 孝、「表現の意味について ― ルートヴィッヒ・クラーゲスに依拠して ―」、『弘前大学教育学部教科教育研究紀要』第1号（通巻12号）、1985。
・成田 孝、「『情操』概念に関する一考察」、『大学美術教育学会誌』第24号、大学美術教育学会、1992、pp.11-19。
・成田 孝・廣瀬信雄・湯浅恭正、『教師と子どもの共同による学びの創造 ― 特別支援教育の授業づくりと主体性 ―』、大学教育出版、2015。
・成田 孝、『障がい者アート ― 「展覧会」と「制作活動」の在り方 ―』、大学教育出版、2019。

あ と が き

　人間は、地球上の動物・植物・地下資源などの金目の物を徹底的に略奪し、破壊し続けている。地球の破壊者としての人間を制止する生き物がいないことをいいことに、人間はやりたい放題である。

　人間も生き物である。地球という環境がなければ生きられないこと、自分の生命が地球環境に大きく依存していること、地球環境に左右される生き物であることを忘れている。きれいな空気を吸い、きれいな水を飲み、オゾン層に守られ、動植物などから栄養をもらわないと生きていくことができない。

　金儲けなどのエゴイズムのために、「地球環境の保護」「地球環境との共存」「尊厳ある人間・社会・文明」よりも経済活動による利益や国益を優先し、地球という生命環境を食いつぶしている。このエゴイズムは人間のさまざまな権利を踏みにじり、貧困・飢餓・差別なども生み出している。エゴイズムは地球環境のみならず、人間・社会・文明も食いつぶしている。

　「昔はよかった」などというつもりはない。しかし、工場・火力発電所・飛行機・乗り物などからの二酸化炭素の大量排出による温暖化、抗生物質の多用による免疫力の低下、動植物の乱獲による種の根絶、汚水の排出やマイクロプラスチックによる河川・海洋汚染、埋め立て・護岸工事などによる海岸線や生態系の破壊、放射能汚染、武器の性能進化による民族の迫害・戦争・殺戮、遺伝子操作など、これらは産業革命以降、特に現代になって急速に出現したのは紛れもない事実である。

　このように、近年は人間による地球環境・自然・文明の破壊が急速に進んでいる。戦争によって人間とその社会が破壊され続けてきた歴史もあるが、現代でも権力者などによるエゴイズムがはびこり、人間・社会・文明を脅かしている。

　日本国憲法には国民主権・平和主義・基本的人権の尊重など、人間や国際社会に関することはうたわれていても、生存環境としての地球との関わり方に関する言及はない。地球環境を守り、地球と共存するための思想が欠落しているという重大な欠陥がある。

　地球の酸素が明日にでも無くなると分かれば生存できなくなるので、必死になって対策を考えるだろう。しかし、二酸化炭素を吸収して酸素を作る森林を破壊しても、二酸化炭素を多量に排出して気候変動が進行しても、今日明日に人間の存在が危機に瀕することはないので、政治家や企業は私欲によって利益を生む経済を優先し、他人事になる。

　2030年までの15年間で達成すべきSDGsはまだ9年間もあるのに、達成に対する懐疑論が少なからず出てきている。これまで6年間の各国・企業などの取り組みを考えると、達成は絶望的であろう。

　また、近年はSDGs（持続可能な開発目標 Sustainable Development Goals）やESD（持続可能な開発のための教育 Education for Sustainable Development）も叫ばれるようになってきた。SDGsとESDは、持続可能な世界を目指す点では基本的に同じである。環境・貧困・人権・平和・開発・差別などの地球規模の課題を解決しながなら、持続可能な世界を目指すためには政治・行政・企業の責任が重大であるが、教育の影響も大きいので、持続可能な社会を創造していくことを目指す学習・教育としてのESDが考えられたのであろう。

　遅いくらいであるが、SDGs及びESDは強力に推進しなければならない。しかし、持続可能な世界をつくるためには、現象的に何かをすることに矮小化してはならない。例えば、脱炭素や脱原発のために自然エネルギーの導入は促進しなければならない。しかし、自然エネルギーの導入を目的とするのではなく、炭素や原発を推進した人間の精神の本質、中でも人間のエゴイズムを理解して、地球と共存しながら一人一人が豊かでかけがえのない人生を送ることができる「人間の精神の在り方」を考えなければならない。

　でなければ、自然エネルギーの推進によって脱炭素や脱原発が可能になっ

たとしても、新たな問題が出たときに対処できなくなるからである。それは何よりも、問題の核心が「人間の精神」、中でも「人間のエゴイズム」にあるからである。本書が問いかけたのは、「人間のエゴイズム」の克服である。

「エゴイズムの克服」を、保育・教育の核に据えなければならない。

地球環境・自然・人間とその社会・文明が破壊され続けている現状にあって、「どのように生きていけばよいのか」「どのように子育てや教育をすればよいのか」を、本書が提示した「エゴイズムの克服法」をベースにして具体的に考え、確実に実践していかなければならない。SDGs を掲げなければならなくなった現状を生み出した大人の責任として、幼少期からのエゴイズムを克服できる人間の育成は急務である。

宇宙船地球号の一員として、宇宙のリズムと呼応しながら、人間・動物・植物・無生物と共存するためには、その未来を担う子どもたちの育成が鍵を握っている。本書が、未来を担う子どもたちの育成に少しでも役立つことを切望する。

最後に、本書の出版を快諾いただいた、大学教育出版代表取締役佐藤守様及び編集担当の中島美代子様に、心から感謝申し上げる。

ほのぼのと明石の浦の朝霧に島隠れ行く舟をしぞ思ふ　柿本人麻呂

2021 年 5 月

津軽にて　成田　孝

■著者紹介

成田　孝　（なりた　たかし）

1950 年青森県生まれ。多摩美術大学卒業。4 年間の公立中学校教諭、計 34 年間の県立・国立・私立の養護学校教諭、大学教授を歴任。第 12 回（平成 3 年度）辻村奨励賞受賞。

主な著書

『子どもの生命を脅かす教師の精神 ― 子どもの生命が輝く、教師・教育・研究の在り方 ―』（大学教育出版、2020）

『障がい者アート ―「展覧会」と「制作活動」の在り方 ―』（大学教育出版、2019）

『心おどる造形活動 ― 幼稚園・保育園の保育者に求められるもの ―』（大学教育出版、2016）

『教師と子どもの共同による学びの創造 ― 特別支援教育の授業づくりと主体性 ―』（共著、大学教育出版、2015）

『発達に遅れのある子どもの心おどる土粘土の授業 ― 徹底的な授業分析を通して ―』（黎明書房、2008）

「『情操』概念に関する一考察」『大学美術教育学会誌 第 24 号』（1992）

「表現の意味について ― ルートヴィッヒ・クラーゲスに依拠して ―」『弘前大学教育学部教科教育研究紀要 第 1 号』（1985）

SDGs 時代の子育て・教育
― 幼少期からのエゴイズム克服法 ―

2021 年 8 月 20 日　初　版第 1 刷発行

■著　者──成田　孝
■発行者──佐藤　守
■発行所──株式会社 大学教育出版
　　　　　〒 700-0953　岡山市南区西市 855-4
　　　　　電話（086）244-1268　FAX（086）246-0294
■印刷製本──モリモト印刷 ㈱

ISBN978 - 4 - 86692 - 145 - 7